EL SABOR DE
MÉXICO

EL SABOR DE MÉXICO

Guía práctica para preparar auténticos platos mexicanos

Editado por
Marlena Spieler

Bath · New York · Singapore · Hong Kong · Cologne · Delhi · Melbourne

tabla **de** equivalencias

Las equivalencias exactas de la siguiente tabla han sido redondeadas por conveniencia.

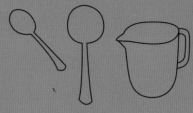

medidas de líquidos/sólidos

sistema imperial (EE UU)	sistema métrico
1/4 de cucharadita	1,25 mililitros
1/2 cucharadita	2,5 mililitros
3/4 de cucharadita	4 mililitros
1 cucharadita	5 mililitros
1 cucharada (3 cucharaditas)	15 mililitros
1 onza (de líquido)	30 mililitros
1/4 de taza	60 mililitros
1/3 de taza	80 mililitros
1/2 taza	120 mililitros
1 taza	240 mililitros
1 pinta (2 tazas)	480 mililitros
1 cuarto de galón (4 tazas)	950 mililitros
1 galón (4 cuartos)	3,84 litros
1 onza (de sólido)	28 gramos
1 libra	454 gramos
2,2 libras	1 kilogramo

temperatura del horno

fahrenheit	celsius	gas
225	110	1/4
250	120	1/2
275	140	1
300	150	2
325	160	3
350	180	4
375	190	5
400	200	6
425	220	7
450	230	8
475	240	9

longitud

sistema imperial (EE UU)	sistema métrico
1/8 de pulgada	3 milímetros
1/4 de pulgada	6 milímetros
1/2 pulgada	1,25 centímetros
1 pulgada	2,5 centímetros

Traducción del inglés: Montserrat Ribas
para Equipo de Edición, S.L., Barcelona
Redacción y maquetación: Equipo de Edición, S.L., Barcelona

ISBN: 978-1-4075-2715-4

Impreso en Indonesia
Printed in Indonesia

Creado y producido por The Bridgewater Book Company Ltd

Fotografía: Clive Bozzard-Hill
Administración gastronómica: Sandra Baddeley
Ilustraciones: Anna Andrews

Notas:
• Las cucharadas indicadas en las medidas son rasas: las cucharaditas corresponden a 5 ml y las cucharadas, a 15 ml.
• Si no se especifica otra cosa, la leche es siempre entera; los huevos y las frutas que se indiquen en piezas, por ejemplo, los plátanos, son medianos, y la pimienta, negra y recién molida.
• Los tiempos indicados son orientativos.
• Algunas recetas contienen frutos secos, y por lo tanto no son adecuadas para personas alérgicas a ellos. Si éste es su caso, evite su consumo y el de productos que los contengan.
• Las recetas que llevan huevo crudo o poco hecho no están indicadas para niños, ancianos, mujeres embarazadas ni personas convalecientes o enfermas.

CRÉDITOS FOTOGRÁFICOS:
The Bridgewater Book Company quiere dar las gracias a:
Photonica/Getty Images, cubierta (ar.); Kelly-Mooney
Photography/Corbis, pág. 2, pág. 5 (izda.); Macduff
Everton/Corbis, pág. 6 (izda.); Stuart Westmorland/Corbis, pág.
7 (izda.); Rick Gerharter/Lonely Planet Images/Getty Images,
pág. 13 (ar.); F. Lemmens/zefa/Corbis, pág. 14 (ab.); Bob Krist/
Corbis, pág. 17 (ar.); Danny Lehman, pág. 18 (ab.); Envision/
Corbis, pág. 19 (ab.); Jupiter Images Corporation, pág. 20, pág.
21 (ar. y ab.); P. Pet/zefa/Corbis, pág. 24 (ar. dcha.); y Gina
Martin/National Geographic/Getty Images, pág. 25 (dcha.).

Contenido

PLATOS PRINCIPALES

SALSAS Y GUARNICIONES

POSTRES

ÍNDICE

INTRODUCCIÓN

Introducción

Las personas que visitan México suelen sorprenderse de lo deliciosa, fresca y ligera que puede ser la comida en este país. Acostumbrados a los «platos combinados» de los restaurantes mexicanos en el extranjero, les sorprende descubrir lo delicados, sutiles y variadísimos que pueden ser en México.

La cocina mexicana es auténtica cocina de fusión. Se trata de una gran combinación de formas de cocinar y de comer, con platos que van de los más sencillos a los tremendamente complejos. El *taco* en México es de hecho uno de los platos más modestos, simplemente relleno con unas cuantas cucharadas de carne a la brasa, ni picada ni frita, y sin el queso con el que suelen servirlo en otros lugares. También puede que una comida mexicana no contenga ninguna de las especialidades que tendemos a asociar con ella. Pero siempre encontraremos los ingredientes básicos: las abundantes *tortillas* o tortitas; el *mole*, hecho con chiles, especias y chocolate; las salsas a base de chiles y los frijoles típicos de la región. Coja una tortilla (los «cubiertos» mexicanos originales), y envuelva con ella un poco de carne asada, unas gambas a la plancha o un poco de pollo con mole, ¡y ya está listo el taco!

Hasta el «descubrimiento» del «Nuevo Mundo» y su colonización subsiguiente por parte de los españoles, la región que ahora conocemos como México era una tierra con muchas tribus diferentes, cada una con su propia lengua y cultura. Los aztecas, mayas, olmecas, miztecas y zapotecas tenían todos su propia manera de comer. Estos estilos fueron reunidos –hasta cierto punto– por los conquistadores españoles, quienes aportaron alimentos novedosos, como animales domésticos y plantas comestibles, como la cebolla, el ajo y el arroz. Los cerdos aportaron con su carne a las mesas mexicanas, algo que hasta entonces había escaseado porque no solían tener animales domésticos, y también abundante grasa para cocinar, un concepto desconocido por esas tribus.

Las vacas proporcionaron la leche para hacer queso, y esta tradición continúa, no sólo con los quesos frescos tipo español, sino también con el queso Jack de Monterrey, que se dice fue creado por cocineros mexicanos que trabajaban en California.

Algunas tribus, de dieta más bien limitada, eran más receptivas a la influencia extranjera que otras, y adoptaron rápidamente los nuevos alimentos para mejorar su dieta. Aprendieron a utilizar la grasa para freír, la carne para hacer a la brasa y estofada, y la leche para elaborar queso. El Viejo Mundo también aportó el azúcar, que fue muy bien recibido por los golosos mexicanos, puesto que hasta entonces sólo habían contado con la miel como edulcorante.

Otros grupos indios también adoptaron alimentos europeos, aunque de forma distinta. Trabajaban como esclavos en los huertos y cocinas de sus amos, y los alimentos que cultivaban y cocinaban pasaron a formar parte de su propia dieta. Todo eso fue parte del enorme intercambio de alimentos que trajo consigo la colonización. Por su parte, Europa vio por primera vez el chocolate, los tomates, los pimientos y otros alimentos que transformaron las cocinas europeas y asiáticas.

Lo mejor de la comida mexicana es una estratificación de alimentos europeos sobre los antiguos alimentos básicos precolombinos como el maíz, los frijoles y los chiles. Los españoles llevaron su cultura, su idioma y la forma de cocinar. Posteriormente, los franceses adquirieron la colonia y llevaron su tradición panadera y repostera, mientras que los alemanes, que también tuvieron algo que decir en la dominación mexicana antes de su independencia, contribuyeron con su tradición cervecera. Actualmente México es famoso por su cerveza, que es refrescante y combina de maravilla con su comida picante y su clima caluroso.

México es un país muy hospitalario. Vaya al mercado y los vendedores le ofrecerán de todo y le solicitarán: «pruebe este higo chumbo» o «pruebe este aguacate». Cuando se siente a comer en un restaurante, o especialmente si le invitan a comer en algún hogar mexicano, verá que su comida está hecha con todo el cariño. Es mucho más que un simple plato: es la suma de sus partes, sabor y aroma, historia y tradición.

México: una nación de cocinas regionales

La comida mexicana varía tanto según la región que podríamos considerarla una copilación de varias cocinas. No importa donde coma, el plato estará siempre repleto de sabor. Hay lugares de México donde la dieta ha cambiado poco desde la época precolombina, y otras ciudades con tanta influencia europea que sólo las *tortillas* le recordarán que no está cenando en el Mediterráneo.

Desde la frontera guatemalteca, donde reinaron antes los mayas, hasta los puntos más septentrionales que cruzan la frontera con Texas, pasando por las zonas méxico-americanas de los *chicanos*, la comida de cada una de las regiones mexicanas tiene su propio carácter.

Algunos dicen que el *tex-mex,* la Nueva Cocina mexicana o la del Sudoeste, no es auténticamente mexicana, pero también podríamos decir que estos platos provienen de zonas que antiguamente pertenecieron a México/Nueva España, o que suelen venir de zonas con una importante comunidad mexicana. La comida es tan regional como en México e incluye arroz, frijoles y tortillas, pero está basada en formas de comer locales y tradicionales.

Por ejemplo las *fajitas,* el plato de carne y cebolla con tortillas de harina de trigo, proviene de la zona norte de México/Texas (y ahora las ofrecen casi todos los restaurantes mexicanos en el extranjero). En Nuevo México encontrará enchiladas (tortillas en salsa, envueltas alrededor de una variedad de rellenos, normalmente con queso añadido y horneadas), y muchas veces con un huevo encima. En esta región las sirven apiladas en lugar de enrolladas. En Arizona, las *chimichangas* son tortillas de harina de trigo rellenas y fritas, cubiertas después con salsa. El mismo tipo de tortillas, pero de mayor tamaño, se ha convertido en todo un culto en San Francisco; se las conoce como *burritos* (originarios del barrio de Mission) y no, como mucha gente cree, de México). Están rellenas de carne roja o blanca, verduras, arroz y/o frijoles.

Mientras que los alimentos básicos mexicanos (salsas, tortillas, frijoles, chiles, arroz, carnes rojas y blancas, pescado y verduras) siguen siendo los mismos en las

comidas cotidianas de toda la nación, es la forma de preparar y consumir los ingredientes lo que le da a cada región su carácter. Esto depende del clima, el suelo, la agricultura y las tradiciones históricas. ¿Las tortillas serán de trigo o de maíz, de un tamaño que pueda comer en dos bocados o tan grandes que pueda enrollar con ellas una comida entera? ¿Qué tipo de frijoles tomará y cómo estarán cocidos? ¿Qué tipo de chile animará su plato y cómo se prepara el arroz?

Incluso las salsas varían espectacularmente: algunas son muy picantes, hechas con poco más que chiles triturados, mientras que en otros lugares son más suaves y, además de guindilla, llevan tomate. También hay salsas que llevan cilantro, la hierba por excelencia.

Los *tamales,* masa envuelta en hojas de banano o de maíz, son una comida mexicana universal, con más de 4000 años de historia. Dependiendo de la región son grandes o pequeños, dulces o salados y envueltos en farfollas de maíz en el norte u hojas de banano en el sur.

En las zonas marítimas y soleadas de la península de Baja California la dieta consiste básicamente en pescado y marisco. Los tacos van rellenos de pescado a la brasa o frito, mientras que las langostas a la

parrilla comparten el plato con los frijoles, una salsa y una pila de tortillas de maíz calientes. En la fértil tierra de Michoacán, todo, incluso las fresas más deliciosas, crece de forma exuberante y su gran lago, el Patzcuaro, es famoso por sus pequeños pescados blancos, servidos fritos y crujientes, acompañados con una buena salsa.

Las extensas costas del país ofrecen pescados y mariscos exquisitos. En las poblaciones rurales lo único que hacen es sazonarlos con chile antes de asarlos.

Oaxaca se ha ganado una gran fama como centro culinario, debido en parte a su tradición de chocolateros artesanales, sus siete salsas mole como los colores de un arco iris, sus frijoles negros como la tinta y sus gruesas tortillas, así como –para los más atrevidos– sus tentempiés de crujientes saltamontes. Puebla es el lugar donde surgió uno de los platos más famosos, el *mole poblano*, una compleja salsa de frutos secos, semillas, fruta seca, tortillas, chiles y chocolate.

En la península del Yucatán, donde la selva es densa y los animales domésticos, difíciles de criar, es popular la carne de caza, especialmente la de venado. Los alimentos se sazonan con pastas llamadas *recados*, y muchas veces, la carne, roja y blanca, y el pescado se preparan al estilo *pibil*, es decir, envolviéndolos en hojas de banano y asándolos bajo tierra, en barbacoa u horneados.

ARRIBA: **Los pintorescos mercados y puestos mexicanos son un tributo a la riqueza de productos que ofrece el país.**

Incluso los yermos desiertos mexicanos y sus junglas casi impenetrables ofrecen especialidades: ¿existe algún país que utilice de forma tan deliciosa sus cactus *(nopales)*, los higos chumbos *(tunas)*, el *maguey* (cuyas hojas se utilizan para envolver la carne) y el agave, que es la base de la bebida mexicana más famosa: el tequila?

Hábitos alimenticios en la vida cotidiana

México es un país muy extenso, con regiones que incluyen desde desiertos hasta selvas tropicales. También cuenta con pueblos costeros y vacacionales así como ciudades y zonas rurales, donde los hábitos alimenticios varían mucho. En todo el país toman cuatro o cinco comidas a lo largo del día, y existen innumerables posibilidades de picar, tomar algún tentempié o comer o beber algo entre comidas.

El desayuno se toma temprano, porque la gente se levanta al alba para empezar la jornada antes de que apriete el calor. Toman tazas de café con leche, o de chocolate al estilo mexicano: mezclado con canela, clavo y, a veces, almendra molida. Lo acompañan con bollos o con los clásicos churros calientes rebozados con azúcar. En el campo puede que le sirvan unos tamales dulces.

El *almuerzo* es un segundo desayuno, algo así como un *brunch*. Lo toman entre las 11 y las 12 de la mañana y suele consistir en platos con huevos, como los popularísimos *huevos rancheros* (huevos fritos con salsa de tomate y chile fresco servidos sobre una tortilla de maíz). Puede que le sirvan unas tortillas rellenas de huevos revueltos con un poco de salsa de *pipián* (pepitas de calabaza verde) o huevos revueltos con chorizo o tomate, cilantro y chile. La bebida que los acompaña será un café solo o con leche, o bien un refrescante zumo de fruta o un batido, preparado con leche o con agua.

La *comida corrida* es el menú principal del día y lo toman sobre las 2 de la tarde; comprende una variedad de platos a los que suele seguir la siesta, muy importante.

La comida puede empezar con algo para picar, como unos *chicharrones* con salsa para mojar, un cóctel de marisco con salsa picante o unas ostras con salsa

IZQUIERDA: **Los mexicanos toman cuatro o cinco comidas al día y suelen picar entre horas, así que no le faltarán oportunidades para probar su cocina.**

y lima. También puede que le sirvan un sabroso guacamole con unos *totopos* (nachos) para abrir el apetito.

El siguiente plato es la sopa, ¡a los mexicanos les encantan!, con trocitos de carne, verduras, fideos, tortilla de maíz o bolitas de masa, acompañada por un poco de salsa y unos gajos de lima. También puede ser una sopa de pescado o de marisco, o un puré de frijoles o de aguacate.

A continuación viene la sopa seca, que consiste en *chilaquiles* (tortillas cocidas en una cazuela), un plato de pasta o de arroz. El arroz mexicano puede tener un tono amarillo y el suave sabor del *achiote*, el rojo del tomate o de la pasta de chile, o el verde de las hojas de cilantro. También, puede ser multicolor, preparado con verduras variadas troceadas. En México la pasta se prepara abundante y sustanciosa, con frecuencia cocida en caldo en lugar de agua, y preparada con chorizo, verduras y una capa de queso fundido por encima.

Después se sirve carne roja o blanca, con algunas verduras u hortalizas guisadas para acompañar: judías verdes con pimientos, *chayote* (un tipo de calabacita) hecha con tomate, o chiles verdes salteados con cebolla. Probablemente también habrá un bol con frijoles: pintos, negros o cualquiera de las numerosas variedades existentes. Una pila de tortillas recién

hechas y una salsa casera recién preparada no pueden faltar nunca para acompañar la comida.

Como puede imaginarse, el postre suele ser fruta fresca, pero los mexicanos también son golosos y a veces se sirve una crema caramelizada que está deliciosa con un toque de café, canela o leche de coco.

Entre las 6 y las 8 de la tarde se suele merendar: una taza de café, chocolate o *atole* (una bebida caliente y dulce hecha con harina de maíz disuelta en agua o leche con sabor a guayaba, chocolate, canela, etc.) y un tamal o una pasta. También se puede salir a la calle para comprar unos pequeños tacos hechos con irresistible carne asada y unas tortillas que se preparan frente al cliente, acompañados con una refrescante cerveza.

Por último está la cena, que se toma sobre las 9 o las 10 de la noche, una vez el calor ha amainado. Puede consistir en un plato de carne y verduras, restos del almuerzo o un montoncito de tacos blandos, tostadas, *gorditos* (masa frita en forma de tortilla con un bolsillo para rellenar), *sopes* (una pequeña pasta de masa) o cualquiera de los sabrosos *antojitos* (bocaditos con base de tortilla). Si se trata de una ocasión especial, la cena puede ser en un restaurante y convertirse en una comida formal que dura hasta medianoche; de no ser así, suele ser ligera o a veces, incluso se omite.

Comida de mercado y callejera

En México comer es siempre algo especial, aunque sólo se trate de un rápido tentempié en la calle o una comida sencilla en un pequeño restaurante familiar, llamado *fonda.* La comida que ofrecen los mercados y los puestos callejeros es siempre fresca y sabrosa, y el sencillo tentempié que usted tome en un momento cualquiera puede ser el plato más memorable de toda su estancia en el país.

Pasee por cualquier calle y respire los aromas de los puestecitos que hay en las aceras y que venden todo tipo de deliciosa comida recién preparada. El olor de la carne asada sobre carbón y de las cebollitas verdes le seducirá; escuche cómo golpean la masa para hacer las tortillas con las que envolverán la carne para hacer tacos. Le servirán el trozo de pescado hecho a la parrilla sobre una hoja de banano, con un poquito de salsa picante, y cuando levanten la tapa de esa olla para liberar el vapor, ¡descubrirá unos ricos tamales! Es totalmente imposible no caer en la tentación.

Cuando es la temporada de maíz, se asan las mazorcas en la calle, se rocían con zumo de limón y se espolvorean con chile picante. También es muy refrescante una tajada de sandía, mango, pepino, piña o *jícama,* un tubérculo crujiente parecido a una castaña de agua. Espolvoreada con chile y con un poco de zumo de limón resulta muy fresca, y el picante del chile realza estupendamente los sabores afrutados.

Unos pasos más abajo, el zumbido de la batidora le dirá que ha llegado a un puesto de *frulatto.* Aquí preparan batidos de frutas de temporada con un poco de azúcar y helado o les añaden un poco de leche para hacerlos más cremosos. Puede que vea toda una fila de recipientes de cristal con líquidos de diferentes colores: son las *aguas frescas* (agua endulzada con sabor a diferentes frutas). Le ofrecerán sandía, tamarindo, limón, fresa, naranja, granada, mango... según la temporada. Con un cucharón le llenarán el vaso y podrá saborear la esencia refrescante de la fruta.

Por todas partes verá rótulos de vivos colores que anuncian *tortas* de todo tipo: carne asada, pavo escalfado, buey estofado en salsa picante, chorizo picante, sardinas, buey asado, cerdo a la parrilla (*carnitas*). Una buena torta consiste en un rollito firme llamado *bolillo,* untado por un lado con frijoles refritos calientes y con capas de la carne de su elección, que se remata con salsa, aguacate, queso, cebolla y/o chile encurtidos. Estos ingredientes también se utilizan en las tortas.

En los mercados mexicanos se encuentra la mejor comida. Para empezar, todos los ingredientes que utilizan para prepararla se venden en el mismo lugar, así que apenas transcurre tiempo entre la compra y la preparación. Las fondas de los mercados son ideales para desayunar chocolate con churros o almorzar a media mañana, cuando el mercado está en plena efervescencia. También puede tomar una comida corrida en los puestos cercanos, a la hora en la que los vendedores se acercan a las mesas para comer. Los *chilaquiles* son uno de los platos más deliciosos de las fondas; los preparan a primera hora de la mañana, con nachos, salsa de guindilla, carne, queso y, en ocasiones, verduras. Cuanto más tiempo pasa la cazuela de barro sobre el fuego, más exquisito el sabor. Los trocitos de tortilla están en su punto cuando adquieren la consistencia de las gachas.

Las fondas también ofrecen *birria*, un estofado de cabrito y chile; *pozole*, una sopa de un maíz especial precocido con agua y cal, o *menudo*, una sopa especiada con menudillos de la que se dice que que sienta muy bien por la mañana, tras una noche de fiesta. Puede sentarse a una mesa al aire libre en una *cantina* y probar una selección de antojitos o *botanas* (tapas mexicanas): sopes, gorditos, *chalupas* (barquitas de masa de forma romboidal), tostadas y otras combinaciones.

Vaya a un parque un domingo por la tarde y verá a familias enteras comiendo sobre el césped, ya sea comida casera o comprada en cualquiera de los

ARRIBA: **El perfecto equilibrio de sabor: la comida mexicana es tan fresca como los productos locales ofrecidos en sus mercados.**

numerosos puestos ambulantes. De hecho, una de las sopas más famosas de México, el *caldo tlalpeño* (consomé de pollo enriquecido con trocitos de aguacate, garbanzos, chile *chipotle* y lima) fue creado por un vendedor de un parque del distrito de Tlalpan.

En los pueblos verá a mujeres que venden enchiladas de una gran cazuela que sostienen sobre sus cabezas. Bájese del autobús en uno de ellos y con total seguridad vendrán a ofrecérselas: puede que estas enchiladas sólo consistan en unas tortillas envueltas en una espesa salsa picante, pero posiblemente serán las mejores que haya probado nunca.

Ingredientes especiales

ACHIOTE: pequeñas semillas rojas procedentes del árbol del achiote. Aportan un sabor intenso y alimonado, así como un color dorado, y en México suelen utilizarlas con el arroz. Cómprelas ya molidas o enteras; déjelas en remojo toda la noche con un poco de agua y después májelas para hacer una pasta. También puede calentar las semillas en aceite, colarlo y utilizar este aceite de color dorado.

CHAYOTE: hortaliza de verano parecida a una calabacita, llamada también *mirlitón* y que se consume en el Caribe.

CHICHARRONES: piel y grasa de cerdo fritas hasta que se hinchan y adquieren una consistencia crujiente. Los toman para picar o se utilizan para rellenar tacos.

CILANTRO: hierba de sabor y aroma intensos utilizada en muchas regiones mexicanas.

COMINO: estupenda especia de sabor intenso y aroma terroso, también muy popular en la cocina india y del Oriente Próximo.

EPAZOTE: hierba de bordes aserrados y de sabor parecido al orégano. Se añade a los frijoles para atemperar sus gases y realzar su sabor.

FARFOLLA DE MAÍZ: las farfollas secas de las mazorcas de maíz se utilizan para envolver los tamales. Antes de usarlas, déjelas en agua caliente hasta que estén blandas, úntelas con un poco de mezcla de masa, añada una cucharada de relleno de su elección y envuélvalo. Ate los tamales con cordel de cocina o con tiras de la misma farfolla.

GAMBAS SECAS: las venden enteras o molidas en tiendas de alimentación mexicana y asiática. Utilícelas en platos de pescado y con algunos de arroz.

HOJAS CARNOSAS DE CACTUS: se las conoce como *nopales* y son una de las verduras preferidas de los mexicanos. Suelen venderse enteras, sin las espinas. Tienen una textura parecida al quingombó, que no gusta a todo el mundo, y un sabor similar a las judías verdes, a las que pueden sustituir en estofados y ensaladas.

HIGOS CHUMBOS: llamados *tunas* en México, son unas deliciosas frutas que comen en la calle, peladas, o con las que hacen un puré que después cuelan para preparar helados.

HOJAS DE BANANO: las brillantes hojas verdes del banano se utilizan en el sur de México y la península del Yucatán para envolver los tamales y algunas carnes o pescados para hacerlos a la brasa. Caliéntelas un poco sobre la llama o una parrilla caliente para que queden flexibles, y envuelva cuidadosamente con ellas el relleno que desee, como si estuviera envolviendo un regalo.

JÍCAMA: tubérculo crujiente, parecido a una castaña de agua gigante. Se come cruda como tentempié o se añade a las ensaladas cortada en trocitos.

LIMONES MEXICANOS: son pequeños y ácidos, parecidos a una lima, y en México los utilizan prácticamente en cualquier plato; cerca de la costa del Caribe son muy aromáticos. En nuestras recetas puede sustituirlos por lima o limón normal.

MASA (HARINA HÚMEDA) O MASA HARINA (HARINA SECA): hecha con *nixtamal,* un tipo de maíz tratado con cal y molido. La cal hace que los granos se hinchen y rompan la piel. A continuación, los muelen y hacen una pasta que utilizan para los tamales y las tortillas frescas. Encontrará masa fresca en lugares donde haya

población mexicana, o si no puede comprar la *masa harina* y reconstituirla con agua para hacer tortillas, o con grasa (manteca o grasa vegetal) y caldo para preparar tamales.

PEPITAS DE CALABAZA (PIPIÁN): cómprelas ya peladas en tiendas de dietética; puede molerlas y hacer una pasta con otras especias o comerlas enteras tostadas.

QUESOS: los quesos mexicanos, que son cuajada prensada a la que normalmente no se deja madurar, no se parecen a los quesos europeos. Por ello se estropean antes y no se funden como nuestros quesos tradicionales. Suelen utilizar el *queso fresco* para cocinar; si no lo encuentra, utilice pecorino o ricota fresco. Los quesos blancos como el Jack, el *manchego* y el cheddar blanco serán estupendos cuando quiera un queso mexicano para fundir. Para rallar o desmenuzar, tanto el parmesano como el romano o el Jack seco pueden sustituir al *queso añejo* mexicano.

TOMATILLOS: tomates verdes pequeños y sabrosos, cubiertos con un hollejo amarronado de consistencia parecida al papel. Si no los encuentra frescos, pruebe los de lata o bien utilice alquequenjes.

TORTILLAS DE MAÍZ: panes planos como tortitas hechos con maíz muy molido. Cómprelas ya preparadas o hágalas en casa utilizando la *masa harina* mexicana (masa seca).

Guía de chiles mexicanos

Lo que distingue a la cocina mexicana de otras y la hace tan especial es su variedad de chiles. Algunos son tan suaves que pueden comerse como cualquier otra hortaliza, mientras que otros pican tanto que hay que utilizarlos con prudencia, sólo para realzar. Los secos tienen mucho sabor, pueden tener gusto de ciruela pasa, de chocolate, de pimiento dulce, de especias... Los muelen para utilizarlos en salsas o guisados de carne, para espolvorear las tortillas, enriquecer sopas y estofados. Se venden enteros para preparar salsas o bien molidos, para añadirlos en pequeñas cantidades.

Los chiles son una sorprendente fuente de vitaminas A y C. Su sabor picante se debe al ingrediente activo 8-metil-N-vanillil-6-neneamida, también conocido como capsaicina, y puede medirse, con una técnica de destilación, en unidades Scoville.

Cada persona tiene una tolerancia diferente al sabor picante de los chiles. Algunos sólo pueden tomar un poquito, mientras que otros los comen a bocados sin pestañear. Si los toma regularmente se irá acostumbrando al picante.

Si quiere aliviar el picante de la boca no beba agua porque será peor. Los hidratos de carbono, como un poco de pan, arroz o tortilla, ayudan a absorber la sustancia irritante. El alcohol también reduce el picante, así que si ha mordido un chile tendrá una buena excusa para tomarse una margarita: el frío del hielo y la potencia del alcohol harán que se sienta mejor en un santiamén. La cerveza refrescante tendrá el mismo efecto. El yogur o la crema agria también alivian: una cucharadita ayudará a contrarrestar el efecto del picante.

Póngase siempre guantes cuando manipule los chiles, especialmente los frescos, y jamás se toque los ojos ni cualquier otra parte sensible del cuerpo después de tocar un chile, aun cuando haya pasado un buen rato. El dolor puede persistir durante horas o incluso días.

CHILES FRESCOS: los hay verdes, amarillos o rojos y pueden comerse crudos, ya sea en rodajitas, picados o en puré. También asados y pelados, como haría con cualquier otro pimiento. Sea cual sea la forma en la que los tome, es recomendable que utilice un cuchillo afilado y quite las semillas y las membranas. Se dice que son precisamente estas membranas y las pepitas las que resultan tan picantes. Existen tres tipos básicos:

CHILES PEQUEÑOS, DE SUAVES A PICANTES: se usan para dar sabor, como ingrediente o condimento. Los *jalapeños* miden unos 5 cm de largo y 2 cm de ancho. Los *serranos* son mucho más estrechos y ligeramente más cortos. Los *gueros* son similares a las guindillas amarillas húngaras.

CHILES MÁS BIEN PEQUEÑOS Y MUY PICANTES: también se usan para dar sabor, como ingrediente o condimento. Los chiles de *cayena* son estrechos y miden hasta 7,5 cm de largo. Pueden ser verdes, amarillos o rojos. El *habanero* es una variedad del Scotch Bonnet caribeño, tiene forma de peonza y es muy picante,

con un sabor característico ligeramente tropical y mentolado.

CHILES GRANDES Y MÁS SUAVES: además de utilizarse como ingrediente o condimento para dar sabor, también se comen como verdura. Los *anaheim* son largos, de un color que va del verde claro al oscuro y lo suficientemente anchos como para poder rellenarlos. Su intensidad varía, de suave a bastante picante. Los *poblanos,* más achatados, tienen un color verde oscuro y una forma casi de corazón. Son perfectos para asar y rellenar. Algunos nos pueden sorprender y resultar picantes, aunque suelen ser suaves.

CHILES SECOS: son la base de la extensa variedad de salsas mexicanas de color rojo. A excepción de los pequeños y picantes chiles secos, como los *árbol* o *cayena,* los chiles secos mexicanos son suaves o ligeramente picantes, y con mucho sabor. Existen dos tipos principales: los de piel lisa y los arrugados. Cada uno de ellos tiene unas características propias, pero todos el mismo uso: puede utilizar uno liso de Nuevo México en lugar de uno de Colorado o *chilaco,* o un *ancho* en lugar de un *mulato* o *pasilla.*

Para utilizar los chiles secos en salsas, primero tiene que tostarlos un poco en un *comal* (una sartén plana de hierro colado), procurando que no se quemen. Cuando humeen un poco y cambien de un tono oscuro a otro más claro, retírelos del fuego y póngalos en un cuenco. Vierta agua hirviendo encima, cúbralos y déjelos enfriar. Una vez escaldados, podrá pelarlos con facilidad y triturar la pulpa para hacer la salsa. (Tenga cuidado al tostar los chiles porque sus emanaciones pueden irritar los pulmones; procure que el lugar esté bien ventilado y que no haya nadie cerca que sufra de alguna dolencia respiratoria.)

CHILES ENCURTIDOS: los jalapeños y los serranos se venden *encurtidos,* a veces con zanahoria, coliflor y otras hortalizas. En ocasiones los chiles pequeños y picantes, como los cayena o árbol, son encurtidos en vinagre y se utilizan en salsas o solos, para picar.

CHILE MOLIDO: este chile (a veces llamado chile molido suave) es el resultado de moler los chiles secos tipo ancho o Nuevo México, a los que se añaden otras especias, como comino, orégano, y a veces, pimentón. En ocasiones contiene un solo tipo de chile, como ancho, Nuevo México o chipotle; cuando el polvo lleva chiles picantes, como los cayena, se indica en la etiqueta.

CHILE CHIPOTLE: el jalapeño seco y ahumado (y el *morita,* más suave) se vende seco (puede rehidratarse) o enlatado, conservado en una salsa dulce y especiada, parecida a la de tomate, llamada *adobo.* Esta salsa tiene el sabor característico de la barbacoa y también se vende envasada, como condimento.

SALSAS DE CHILE PICANTE: México es rico en salsas envasadas: verde, roja, amarilla, chipotle, Tabasco, jalapeño, habanero y muchas otras más. ¡La única forma de descubrir su preferida es ir probándolas todas!

Delicias de tortilla, antojitos y botanas: las tapas mexicanas

Uno de los aspectos más característicos de la comida mexicana es la gran variedad de platos basados en tortillas, conocidos como *antojitos*. Sin duda, el nombre proviene de la inmensa variedad de rellenos que pueden admitir, dependiendo del capricho o antojo del cocinero y de lo que tenga en su cocina. Estos bocaditos podrían llamarse «las tapas mexicanas», especialmente cuando son pequeñitos *(botanas)* y por la manera en que se comen. En las ciudades mexicanas suelen preparar estos antojitos sobre comales en los puestos callejeros y se comen en el momento como un sabroso y nutritivo tentempié. Ésta es una pequeña guía:

CAZUELITAS: masa frita en forma de cazuelita; similar a las *garnachas* y a los sopes, pero un poco más honda, así que la forma es más parecida a la de una cazuela.

CHALUPAS: barquitas de masa de forma romboidal, de unos 7,5 cm de largo y 5 de ancho, fritas y crujientes y listas para rellenar.

CHILAQUILES: tortillas de maíz del día anterior, cortadas o desmenuzadas y fritas, después colocadas en capas con chile suave o una salsa de tomatillo verde, y algún otro ingrediente salado como carne asada, chorizo o tiras de pollo, rematadas con queso rallado y horneadas. Están deliciosos servidos con huevos fritos o revueltos para cenar o por la mañana, y las sobras pueden servirse después para picar.

ENCHILADAS: tortillas (en general de maíz) mojadas en una salsa caliente de chile suave o tomatillo verde, rellenas de carne, queso, verduras, frijoles o pescado. Suelen llevar un poco de queso encima y están horneadas; a veces las enchiladas van sin rellenar y son simplemente tortillas mojadas en una salsa espesa y sabrosa.

FLAUTAS: tienen forma aflautada y van rellenas de carne o tiras de pollo, se enrollan y fríen hasta que están crujientes; servidas con guacamole son deliciosas.

GARNACHAS, PICADAS, SOPES O SOPITAS (EL NOMBRE DEPENDE DE LA ZONA): una pasta de masa frita pequeña, de forma cóncava pero no muy honda; se hacen todo lo finas que se puede sin que se rompa la masa.

GORDITOS: masa frita en forma de tortilla pequeña pero gruesa, con una concavidad para poder rellenarlas.

HUARACHES: un trozo de masa frita rectangular, que recibe su nombre por la suela de unas sandalias de cuero tradicionales que tienen una forma similar.

NACHOS: una capa de tortilla chips o triángulos de tortilla fritos (totopos), con queso y salsa encima y horneados hasta que el queso se funde. Cuando se preparan bien están deliciosos, pero incluso cuando no son de primera clase, como los que venden en los partidos de béisbol, centros comerciales y muchas cadenas de restaurantes estadounidenses, pueden tener un sabor estupendo; todo depende del queso y de la salsa, y de los ingredientes extra como los frijoles, la crema agria, el guacamole e incluso el chorizo.

QUESADILLAS: tortillas hechas con harina, maíz o masa, dobladas sobre una porción de queso y calentadas sobre una plancha. Las quesadillas son bocadillos de queso fundido que llevan tortillas en lugar de pan, además de una hoja de epazote, que se suele utilizar como condimento, y también admiten chiles asados, chiles encurtidos, frijoles, aguacate, pescado, carne asada como carnita y cualquier otro alimento sabroso. Quedan muy bien con una lonchita fina de jamón cocido. Se sirven enteras o en porciones.

TACOS: se preparan enrollando una tortilla de maíz alrededor de algún tipo de relleno. Para hacer unos tacos crujientes se fríe la tortilla hasta que adquiere la consistencia de los nachos. Los tacos crujientes se pueden rellenar con pollo, gambas, carne especiada y salsa. También con tiras de ensalada, rábanos, aguacate, a veces queso y/o un poco de crema agria. Los tacos blandos son tortillas frescas, tan sólo calentadas y enrolladas con algún tipo de relleno.

TAQUITOS: tacos muy pequeños que pueden ser blandos o crujientes.

TORTAS: rollitos duros rellenos con frijoles refritos, pintos o negros, dependiendo de la zona, y capas de carne roja o blanca, con queso rallado o desmenuzado, aguacate, chorizo, ensalada o cualquier otra cosa que el cocinero tenga a mano. Una variación de la torta son los *molletes,* tortas con sólo frijoles, y a veces, queso.

TOSTADAS: una tortilla de maíz plana y frita hasta que queda crujiente, servida con una capa de frijoles refritos, trocitos de carne estofada, lechuga, un poco de queso desmenuzado, a veces un trocito de aguacate, rodajitas de rábano y un poco de cebolla picada. Las tostadas son estupendas para utilizar las sobras de una forma original. Muchas zonas de México tienen su propia receta tradicional de tostadas: la especialidad del estado de Jalisco son las tostadas con carne de pie de cerdo, mientras que en la ciudad costera de Acapulco las tostadas suelen llevar carne de cangrejo y aguacate, y un poco de crema agria.

Comidas festivas

Las celebraciones mexicanas de todo el año van acompañadas de platos especiales. El mole (véase pág. 174), la salsa de cacahuetes, semillas, chiles, especias y chocolate, que se sirve con pollo o pavo, fue inventada por las hermanas de un convento de Puebla y se suele servir en celebraciones familiares, como bodas o bautizos, o en Navidad. El acompañamiento clásico del mole son los tamales sin rellenar.

CINCO DE MAYO: es la conmemoración de la victoria sobre los ocupantes franceses y es todo un festival culinario. Se celebran fiestas con bailes populares y bandas de mariachis y todo el mundo come tacos y carnitas.

DÍA DE LA INDEPENDENCIA: se celebra el 16 de septiembre y es la mayor fiesta de México. Las calles se llenan de gente que lo celebra. Los *chiles en nogada* (chiles dulces rellenos de carne, con salsa de nueces y granos de granada) se crearon especialmente para esta ocasión, porque llevan los colores de la bandera mexicana: rojo, verde y blanco.

EL DÍA DE LOS DIFUNTOS: el 2 de noviembre es una de las celebraciones más señaladas de México. Las familias van a tomar un picnic al cementerio y comen un pan decorado con tibias y lágrimas de azúcar, mientras que los niños mordisquean esqueletos de azúcar.

LAS POSADAS: nueve días antes de Navidad las familias preparan los pesebres, que en México llaman *posadas,* rezan el rosario, toman parte en procesiones a la luz de las velas y golpean las *piñatas:* una muñeca, animal o personaje de cómic de papel maché lleno de dulces de mango y chile, lima y cacahuete. Cada invitado espera su turno para golpear la piñata, con los ojos vendados, y cuando la rompe y los dulces se desparraman los niños corren a recogerlos. También son días para disfrutar de los buñuelos (véase pág. 216), que van cubiertos con canela o melaza.

NOCHEBUENA: la Nochebuena se celebra con tamales (dulces o salados) y una bebida caliente dulce, el atole, hecha con harina de maíz disuelta en agua o leche de diferentes sabores; cuando se prepara con chocolate se llama *champurrado.* Esa noche la ensalada que preparan es muy colorida: lechuga, naranjas, remolacha, plátanos, cacahuetes, rodajas de caña de azúcar, gajos de lima, jícama y granos de granada.

DÍA DE REYES: el 6 de enero, fiesta nacional, es el día en el que los niños reciben sus regalos. Durante el día se come el roscón de Reyes, que contiene una pequeña figurita y quien la encuentra tiene que celebrar una fiesta el día de la Candelaria, el 2 de febrero.

CUARESMA Y PASCUA: la comida tradicional de Cuaresma son los platos sin carne, como por ejemplo unos chiles dulces rellenos de arroz y hierbas. El día de Pascua se comen unos dulces parecidos al mazapán.

Utensilios especiales

BATIDORA O ROBOT DE COCINA: las salsas son una parte importante de la cocina mexicana y una batidora eléctrica o robot de cocina es muy útil para triturar los alimentos y hacer salsas y purés.

CAZUELAS Y OLLAS: las cazuelas de barro le dan una calidad especial a los alimentos. Si no encuentra mexicanas, utilice españolas, provenzales, griegas, turcas o cualquier otra de barro.

COMAL: una sartén plana y redonda de hierro colado. Cualquier plancha plana y pesada, de hierro colado o antiadherente, sirve igualmente y se utiliza para calentar tortillas y tostar chiles.

MOLCAJETE Y TEJOLOTE: mortero pesado de piedra, utilizado desde hace 3500 años para moler y triturar los ingredientes de las salsas, aunque en la actualidad incluso en México resulta más práctica la batidora o el robot de cocina.

METATE: mortero similar al molcajete y tejolote, aunque de forma grande e inclinada en lugar de redonda; los metates sirven para triturar cantidades más grandes de ingredientes, por ejemplo para hacer el mole.

PRENSA PARA TORTILLAS: prensa con bisagras metálicas para preparar tortillas. Suelen ser de aluminio o hierro colado, aunque una prensa casera también puede ser de madera con bisagras metálicas. Se da a la masa forma de pelota, se envuelve entre trozos de film transparente y se coloca sobre la parte plana de la prensa, que a continuación se cierra presionando bien para aplanar la masa. Se saca de la prensa, se retira el plástico y la tortilla se coloca directamente sobre el comal caliente.

TRITURADOR DE MADERA PARA FRÍJOLES: es muy útil para triturar los frijoles y hacerlos refritos, aunque también puede utilizar un pasapurés.

VAPORERA PARA TAMALES: cualquier vaporera de tipo chino o incluso una cestita plegable para cocer al vapor sirve para hacer tamales. Si no tiene ninguna a mano, ponga un cazo en el fondo de una cacerola lo suficientemente grande como para que el cazo encaje en el fondo. Llénela con el agua necesaria para disponer las capas de tamales y cuézalos al vapor, procurando que el agua no se consuma, ya que los tamales necesitan bastante tiempo para cocerse.

ABAJO: **Cazuelas y ollas de barro.**

Técnicas especiales de cocción y preparación

COCER ARROZ: para preparar el arroz al estilo mexicano lávelo y póngalo en remojo unos 30 minutos, escúrralo y déjelo secar un poco o extiéndalo sobre un paño de cocina limpio para que se seque. Caliente el aceite (la cantidad que indique la receta) en una cacerola de base gruesa, eche el arroz, remueva para recubrirlo con el aceite y tuéstelo hasta que adquiera un bonito color dorado. Añada cebolla picada y ajo y cuézalos con el arroz. Haga lo mismo con cualquier otro ingrediente de su gusto: tomates, pimientos asados y picados, maíz, zanahoria picada y guisantes, y rodajas de plátano. Para eso necesitará unos 10 minutos. Añada la cantidad precisa de líquido caliente, remueva y cuézalo a fuego medio, con la cacerola cubierta, unos 10 minutos o hasta que esté hecho. Retire la cacerola del fuego, sin destapar, y déjelo reposar hasta que el arroz esté listo.

CARNE PARA PICADILLOS, TACOS, TOSTADAS, Y OTRAS ESPECIALIDADES:

tradicionalmente la carne para los tacos y otros platos se prepara estofada, y después se deja enfriar y se deshilacha con las manos o con un cuchillo afilado. Un plato delicioso y único es la *ropa vieja*, con tiras de carne de buey doradas con especias y un poco de salsa de chile, rematada con ensalada, cilantro, tomates y cebolla.

COCER FIDEOS Y PASTA: puede preparar pasta a la mexicana de la misma forma que el arroz, añadiéndole chorizo, algún tipo de carne, tomates y una capa de queso fundido.

UTILIZAR MANTECA: ésta es la grasa que suelen utilizar en México. La manteca tradicional, es decir, sin hidrogenar, no sólo es la elección más sabrosa, sino que también evita los riesgos para la salud de la hidrogenación, que puede convertir las grasas inofensivas en grasas «trans» peligrosas. Muchas tiendas mexicanas venden su propia manteca casera, hecha con las sobras de preparar carnitas. Para hacer su propias carnitas ponga 1 kg de carne grasa de cerdo, cortada en trocitos, en una cacerola cubierta con agua. Añada una cebolla, un poco de comino, un par de dientes de ajo y sal. Llévelo todo a ebullición y espume el caldo. Páselo a una bandeja de hornear, cúbrala y déjela en el horno precalentado a 180 ºC, de 2 a 3 horas. Una vez la carne esté tierna, retire la tapa y deje evaporar el agua. Verá que prácticamente toda la grasa se ha separado. Ésa es la manteca; debería ser posible cortar la carne en trocitos con un tenedor. Está deliciosa con tacos, quesadillas o simplemente con tortillas y salsa.

ASAR HORTALIZAS: para asar el ajo ponga los dientes sin pelar en un comal o una sartén de base gruesa, sin grasa, y tuéstelos por ambos lados hasta que estén chamuscados. Una vez fríos es fácil retirar la piel. Las cebollas, normalmente cortadas por la mitad, pueden asarse de la misma manera, igual que los chiles enteros, que también puede preparar a la parrilla. Los tomates, por ser más jugosos, puede chamuscarlos en la sartén o bajo el grill; y después separar la piel con facilidad, o bien triturarla con la pulpa cuando prepare la salsa.

TOSTAR: muchos ingredientes se tuestan o asan antes de añadirlos a una salsa, por ejemplo los tomates crudos, el ajo, la cebolla, las hierbas secas y los chiles. Los cocineros yucatecos tienen mucho arte en preparar salsas a base de especias tostadas y ajo y cebolla asados. Para tostar semillas (de sésamo, calabaza o girasol), extiéndalas en una sartén de base gruesa, sin aceite, en una capa fina. Dórelas a fuego medio, agitando la sartén y removiendo con frecuencia para que no se quemen. Aconsejamos tener una tapa a mano porque a veces las semillas pueden reventar.

RALLAR TOMATES FRESCOS PARA UNA SALSA:
corte el extremo de un tomate para romper la piel y rállelo por ese extremo con el rallador de agujeros más grandes sobre un plato; cuando haya acabado de rallarlo se quedará sólo con la piel. Deséchela y utilice el tomate fresco rallado para lo que desee.

FREÍR UNA SALSA: a veces una salsa, especialmente la de chile suave o tomatillo, se puede «freír» después de hacer el puré. Para ello, caliente una pequeña cantidad de grasa (varias cucharadas) por cada 250-375 ml de salsa. La manteca es la grasa tradicional, aunque hoy en día se utilizan aceites más sanos, como el de oliva o el vegetal. Una vez la grasa esté caliente, añada la salsa poco a poco, dejando que se espese y reduzca, y que pase de una salsa líquida a otra más densa y oscura. Siga así hasta haber añadido todo el líquido. Rectifique de sal y otros condimentos y añada un chorrito de lima o vinagre si lo prefiere.

ESPESAR UNA SALSA: espesar una salsa o una sopa con masa aporta un sabor típicamente mexicano a los platos. Mezcle 1 o 2 cucharadas de harina de masa, dependiendo del líquido que quiera espesar, con el agua suficiente para obtener una pasta fina y vaya vertiendo más agua poco a poco para diluirla. Añádala a la salsa caliente y cuézala, removiendo, hasta que se espese. Si desea más contundencia, añada otro poco de mezcla de masa. Si no dispone de más, triture una tortilla de maíz tostada o deje en remojo en agua caliente una o dos tortillas y después tritúrelas hasta obtener una mezcla suave y espesa. Agréguelo a la salsa igual que haría con la masa.

PREPARAR TAMALES: son uno de los platos mexicanos más originales. Los tamales tienen más de 4000 años de antigüedad. Consisten en una masa de maíz y/o verduras envueltas en hojas (farfolla de maíz, hojas de banano o incluso de aguacate). Puede rellenar la masa con una mezcla de carne especiada o pescado, verduras o un poco de mole de pollo o pavo. A veces añaden una aceituna, o una aceituna en un extremo y una pasa en el otro. Para preparar tamales deje las farfollas de maíz en remojo en agua caliente un mínimo de 30 minutos y después séquelas con un paño de cocina y rellénelas. Utilice de 2 a 3 farfollas para cada tamal, dependiendo del tamaño y de los tamales que quiera. Para hacer un tamal envuelto en hoja de banano corte primero las hojas en rectángulos grandes. Después, caliéntelas un poco sobre la llama del fogón, y deles la vuelta en cuanto el color se vuelva más claro, con mucho cuidado de no quemarlas. Una vez calientes quedarán flexibles y podrá poner la masa encima, rellenarlas con los ingredientes elegidos y doblarlas como si fuera un sobre, para que el relleno quede dentro. A continuación, cueza los tamales al vapor hasta que queden firmes: deberían tardar entre 40 y 60 minutos, dependiendo del tamaño.

UTILIZAR HOJAS DE BANANO AL ESTILO PIBIL: ablande las hojas de banano según las instrucciones de la pág. 27 y a continuación ponga una o más hojas solapadas sobre una superficie plana. Disponga encima la carne de pollo, cerdo asado o pescado, especiada con un recado o pasta de especias yucateca. Envuelva el relleno con las hojas, y procure que quede bien sellado. Colóquelas en una fuente para hornear, preferentemente de barro, cúbralas bien y hornéelas durante varias horas. Destape la fuente, descarte las hojas de banano y disfrute de su comida tierna, aromática y con la humedad de las hojas.

NOPALES: para protegerse los dedos de las espinas sostenga el nopal por donde no las haya; utilice un paño de cocina limpio y seco como protección extra. Puede retirar las espinas con un cuchillo, retirando la piel alrededor del pincho, como si fuera a pelar el cactus. En las partes sin espinas puede dejar la piel, porque tiene un sabor agradable y fresco.

El cactus posee una cualidad viscosa parecida a la del quingombó, así que antes de prepararlo tendrá que *desflemarlo,* como dicen en México. Córtelo en tiras y póngalas en una cacerola con agua salada. Llévelo a ebullición y verá que desprende un líquido viscoso.

Retírelo del fuego y caliente las tiras de nopal. Si todavía están muy viscosas, repita la operación. Una vez listas para comer, añada un poco de cilantro y cebolla picados y prepárelos como desee. También puede comprar nopal en conserva.

PREPARAR PIMIENTOS Y CHILES FRESCOS PARA RELLENAR: ase los pimientos y chiles, como los poblanos o anaheim, sobre un comal caliente, dándoles la vuelta hasta que estén chamuscados uniformemente; póngalos en un bol o una bolsa de plástico y séllelos. Cuézalos al vapor un mínimo de 30 minutos y cuando se hayan enfriado lo suficiente como para manipularlos, retire la piel. Puede que tenga que utilizar un cuchillo afilado para retirar las partes de piel que queden pegadas. Con el mismo cuchillo retire las semillas haciendo una incisión en un lado; si lo hace así podrá dejar el rabillo intacto. Si quiere evitar la incisión lateral, recorte el rabillo y retire las semillas y las membranas a las que están sujetas. Puede rellenar los chiles por la parte superior o lateral.

PREPARAR CHILES SECOS PARA RELLENAR: tueste un poco los chiles en un comal hasta que tomen un color un poco más claro; no tiene que chamuscarlos como los frescos: el contenido en azúcar de los chiles secos es más alto, lo que significa que se queman mucho antes. Una vez tostados, déjelos en un bol y cúbralos con agua hirviendo. Tápelos y déjelos de 30 minutos a 2 horas. Sáquelos del líquido y quíteles el rabillo y las semillas.

Tortillas

PREPARAR TORTILLAS DE MAÍZ.
Hágalas con *masa fresca* (la encontrará en establecimientos especializados) o mezcle harina con agua caliente para obtener una pasta lo suficientemente densa como para poder hacer una bola. Coja un trozo de masa, del tamaño de una nuez doble, y aplánela un poco. Póngala sobre un trozo de film transparente en la parte inferior de la prensadora de tortillas. Cúbrala con otro trozo de plástico, cierre la prensa y presione hasta obtener una tortilla redonda. Cuanto más practique más fácil le resultará calcular la presión que debe aplicar. (En muchos hogares mexicanos preparan la masa a mano.)

Una vez la masa tenga el grosor adecuado y esté bien plana, retire el plástico y póngala sobre el comal caliente o una sartén de base gruesa sin aceite. Tuéstela a fuego medio hasta que aparezcan puntos negros en la base; dele la vuelta y tuéstela por el otro lado. Déjela en una cestita forrada con un paño de cocina y cúbrala mientras prepara la siguiente tortilla, para mantenerla caliente y húmeda. Repita la operación hasta haber terminado la masa. Preséntelas envueltas en el paño de cocina para que los comensales se vayan sirviendo y se mantengan calientes.

Si utiliza tortillas de maíz ya preparadas para enchiladas o para envolver un relleno, caliéntelas una a una en una sartén antiadherente con una gotita de aceite. El aceite caliente las ablandará y quedarán lo suficientemente flexibles como para envolver el relleno.

Si desea calentar tortillas para comerlas solas o como acompañamiento, coloque una pila de tortillas sobre papel de aluminio y envuélvalas. Caliéntelas en el horno o en una sartén antiadherente sin aceite. Otra forma es rociarlas individualmente con un poco de agua, colocar la pila de tortillas en una sartén antiadherente e ir alternándolas de posición, pasando la de abajo arriba. Repita hasta que estén todas calientes, colóquelas sobre un paño de cocina limpio y envuélvalas bien. Un tercer sistema es calentarlas una a una, aunque si necesita una buena cantidad, deberá mantenerlas calientes: sea cual sea el sistema de preparación que utilicen, los mexicanos tienen unas cestitas especiales para ello.

PREPARAR TORTILLAS DE TRIGO.
Mezcle 450 g de harina de trigo tamizada con 2 cucharaditas de sal

y 8 cucharadas de manteca o de aceite de oliva, hasta que la masa tenga consistencia de pan rallado. Puede hacerlo en el robot de cocina (si la cantidad es demasiado grande, hágalo en dos tandas). Poco a poco vaya añadiendo 250 ml de agua caliente y amásela hasta formar una pelota: menos de 1 minuto con el robot de cocina, unos 3 minutos a mano. Deje reposar la masa un mínimo de 2 horas para que la harina libere el gluten. No la guarde en el frigorífico o quedará demasiado dura para trabajarla. Si la prepara el día anterior, déjela en el frigorífico, pero sáquela 2 horas antes de extenderla con el rodillo y cocerla.

Para preparar las tortillas de harina de trigo caliéntelas en un comal o sartén, sin aceite, a fuego medio. Coja un trozo de masa, su tamaño dependerá de lo grande que quiera que sea la tortilla. Extiéndala con el rodillo sobre una superficie ligeramente enharinada hasta que esté bien fina. Un trozo de masa de 5 cm sirve para hacer una tortilla de 18 a 20 cm de diámetro. Colóquela sobre el comal caliente. Déjela unos 20 segundos; si se hincha aplánela con el dorso de una espumadera. Cuando aparezcan puntos negros en la masa blanca, dele la vuelta y tuéstela por el otro lado. Deje las tortillas sobre un paño de cocina limpio. Sírvalas calientes o utilícelas para preparar burritos, quesadillas o tacos blandos.

SOPAS Y ENTRANTES

Sopa de pollo, aguacate y chipotle

 Preparación: 10 minutos

Cocción: 5 minutos

Para: 4 personas

1,6 litros de caldo de pollo

2-3 dientes de ajo picados
  muy finos

1-2 chiles chipotle secos
  cortados en tiras finas

1 aguacate

zumo de lima o de limón para
  el aguacate

3-4 cebolletas cortadas
  en rodajitas

350-400 g de pechuga de pollo
  cocida, deshilachada o cortada
  en tiras finas

2 cucharadas de cilantro picado

PARA SERVIR

1 lima cortada en gajos

1 puñado de nachos (opcional)

Esta sopa tiene su origen en los puestos de comida
que llenan las calles de Tlalpan, un suburbio de
Ciudad de México: el suculento aguacate, las tiras
de pollo y el toque ahumado del chipotle la hacen
especial.

1 Vierta el caldo en una cacerola grande de base gruesa, con
el ajo y los chiles, y llévelo a ebullición.

2 Entre tanto, corte el aguacate por la mitad, a lo largo, y gire
las dos mitades en direcciones opuestas para separarlas.
Pinche el hueso con la punta de un cuchillo y retírelo. Pele el
aguacate con cuidado, córtelo en dados y páselo por el zumo
de lima para evitar que ennegrezca.

3 Deposite la cebolleta, el pollo, el aguacate y el cilantro en
la base de 4 boles para sopa o en una sopera grande.

4 Vierta cucharones de caldo caliente encima y sirva la sopa
con gajos de lima y un puñado de nachos, si los utiliza.

Pozole

 Preparación: 20 minutos

Cocción: 1¾-2¼ horas

Para: 4 personas

450 g de carne de cerdo para
   estofar, por ejemplo falda

½ pollo pequeño

2 litros de agua

1 cubito de caldo de pollo

1 cabeza de ajos entera con los
   dientes separados, pero sin
   pelar

1 cebolla picada

2 hojas de laurel

450 g de granos de maíz
   machacados o garbanzos,
   envasados o cocidos en casa

¼-½ cucharadita de comino
molido

sal y pimienta

PARA SERVIR

½ col pequeña cortada en tiras
   finas

chicharrones

hojas de orégano seco

copos de pimiento rojo seco

gajos de lima

nachos (opcional)

La base de este popular plato mexicano son granos de maíz tratados con agua y cal (nixtamal), cocidos en caldo. Se sirve con nachos, chiles y gajos de lima para acompañar. Si no los encuentra puede sustituirlos por garbanzos.

1 Ponga la carne de cerdo y el pollo en una cacerola grande y llénela de agua. No se preocupe por la cantidad de caldo: podrá utilizarlo para otros platos y es fácil de congelar.

2 Llévelo a ebullición y retire la espuma que se forme en la superficie. Reduzca la temperatura y añada el cubito de caldo, el ajo, la cebolla y las hojas de laurel. Déjelo hervir a fuego lento, cubierto, de 1½ a 2 horas, o hasta que la carne esté tierna y cocida.

3 Con una espumadera, retire del caldo la carne de cerdo y el pollo y déjelas enfriar. Cuando se hayan enfriado lo suficiente, separe la carne de pollo y córtela en trocitos. Haga lo mismo con la carne de cerdo, y corte los trozos del tamaño de un bocado. Cuando acabe de cortar, reserve ambas carnes.

4 Retire la grasa del caldo y deseche las hojas de laurel. Añada el maíz machacado y el comino y salpimiente al gusto. Llévelo a ebullición, baje la temperatura y déjelo unos 10 minutos a fuego suave.

5 Para servir, ponga las carnes de pollo y de cerdo en boles individuales. Deposite encima un poco de col, unos chicharrones, orégano y los copos de pimiento rojo, y después vierta el caldo por encima. Sirva con gajos de lima y nachos, si los utiliza.

Sopa de buey y judías

Recupere su energía con un plato de esta suculenta sopa, que reconforta y llena el estómago. También sale muy económica y es fácil de preparar.

 Preparación: 20 minutos
Cocción: 35 minutos
Para: 4 personas

1 Caliente el aceite a fuego medio en una cacerola grande y sofría la cebolla y el ajo, removiendo con frecuencia, unos 5 minutos o hasta que ambos ingredientes se hayan ablandado. Añada el pimiento y la zanahoria y déjelo todo 5 minutos más.

2 Entre tanto, escurra los frijoles, y reserve el líquido de la lata. Ponga ⅔ de los frijoles en una batidora o robot de cocina, con el líquido, y haga un puré suave. Reserve el resto.

3 Ponga los tomates en un cuenco refractario y cúbralos con agua hirviendo. Déjelos reposar 1 o 2 minutos, retírelos con una espumadera, refrésquelos con agua fría y quíteles la piel. Córtelos en dados.

4 Incorpore la carne picada a la cacerola y remueva constantemente para deshacer los grumos, hasta que esté bien dorada. Añada las especias y remueva durante 2 minutos. Agregue la col, el tomate, el caldo y el puré de frijoles y salpimiente. Llévelo todo a ebullición, baje la temperatura, cubra la cacerola y déjelo a fuego suave 15 minutos o hasta que las verduras estén tiernas.

5 Incorpore los frijoles restantes, cubra y deje la sopa a fuego suave otros 5 minutos. A continuación, pásela a boles individuales calientes y sírvala.

2 cucharadas de aceite vegetal
1 cebolla grande picada
  muy fina
2 dientes de ajo picados
  muy finos
1 pimiento verde sin semillas
  y cortado en rodajitas
2 zanahorias cortadas
  en rodajas
400 g de frijoles caupí enlatados
225 g de tomates
200 g de carne de buey picada
1 cucharadita de comino molido
1 cucharadita de chile molido
1 cucharadita de pimentón
¼ de col cortada en rodajas
600 ml de caldo de buey
sal y pimienta

Sopa mexicana de pescado y tomate asado

 Preparación: 20 minutos

Cocción: 30-60 minutos

Para: 4 personas

5 tomates maduros

5 dientes de ajo sin pelar

500 g de pargo rojo cortado
   en trozos

1 litro de caldo de pescado o
   agua, mezclado con 1-2
   cubitos de caldo de pescado

2-3 cucharadas de aceite
   de oliva

1 cebolla picada

2 chiles verdes frescos, tipo
   jalapeño o serrano, sin
   semillas y cortados en
   rodajitas

gajos de lima para servir

Las costas mexicanas cuentan con una gran abundancia de pescado y marisco, con el que muchas veces se preparan sopas muy picantes y suculentas.

1 Caliente una sartén de base gruesa sin aceite y ase los tomates y el ajo a fuego vivo; también puede hacerlo bajo el grill. La piel tiene que quedar chamuscada y la carne tierna. Otra forma de asarlos es en el horno precalentado a 190 °C, en una bandeja para hornear, durante 40 minutos.

2 Deje enfriar los tomates y el ajo, pélelos y píquelos gruesos, con el jugo que desprendan. Resérvelos.

3 Ponga el caldo en una sartén honda o cacerola y escalde el pescado a fuego medio, hasta que la carne esté opaca y un poco firme. Retírelo del fuego y resérvelo.

4 Caliente el aceite en una sartén honda o cacerola aparte y sofría la cebolla 5 minutos, o hasta que ablande. Cuele el líquido de cocción del pescado y agregue el tomate y el ajo.

5 Llévelo a ebullición, baje la temperatura y déjelo a fuego suave 5 minutos para que se mezclen los sabores. Añada el chile.

6 Reparta los trozos de pescado en boles individuales, vierta encima la sopa caliente y sírvala con gajos de lima para rociarla con el zumo.

Sopa fría de aguacate y cilantro

 Preparación: 15 minutos, más 2 horas en el frigorífico

Cocción: no requiere

Para: 4 personas

4 aguacates maduros

1 chalote o 2 cebolletas picadas muy finas

875 ml de caldo frío de pollo o de verduras concentrado

150 ml de crema agria, y un poco más para servir

2 cucharadas de concentrado de tomate

unas gotas de salsa Tabasco, al gusto

el zumo de 1 lima, o al gusto

1 cucharada de tequila (opcional)

1 cucharada de cilantro picado, y un poco más para adornar

sal y pimienta

4 tortillas de trigo blandas, para servir

Esta sabrosa sopa queda estupenda al añadirle el sabor ácido de la lima y el picante del Tabasco. También puede agregarle un chorrito de tequila para darle un toque especial.

1 Corte los aguacates por la mitad, a lo largo, y gire las dos mitades en direcciones opuestas para separarlas. Pinche el hueso con la punta de un cuchillo y retírelo.

2 Pele el aguacate, pique la carne gruesa y póngala en una batidora o robot de cocina con el chalote, el caldo, la crema agria, el concentrado de tomate, el Tabasco, el zumo de lima y sal y pimienta si fuera necesario.

3 Pase la mezcla a un cuenco grande. Cúbralo y déjelo en el frigorífico como mínimo 2 horas, o hasta que la sopa esté bien fría.

4 Reparta la sopa entre 4 boles individuales y sírvala rematada con una cucharada de crema agria, adornada con el cilantro y acompañada de las tortillas.

Sopa mexicana de verduras

Esta rica sopa de verduras se prepara en todo el país. Puede añadirle queso para que se funda y así la sopa tendrá un sabor más intenso.

 Preparación: 10 minutos
Cocción: 40 minutos
Para: 4-6 personas

1 Caliente el aceite en una sartén o cacerola de base gruesa, sofría la cebolla y el ajo unos minutos hasta que se hayan ablandado, y a continuación espolvoree con el comino y el chile molidos. Añada la zanahoria, la patata, el tomate, el calabacín y la col y déjelo todo 2 minutos, removiendo de vez en cuando.

2 Agregue el caldo. Cubra la cacerola y manténgalo a fuego suave 20 minutos o hasta que las verduras estén tiernas.

3 Añada más agua si fuera necesario, incorpore el maíz y las judías y cueza la sopa 5 o 10 minutos más, o hasta que las judías estén tiernas. Salpimiente al gusto.

4 Pase la sopa a boles individuales y espolvoree cada porción con cilantro picado. Remátela con un poquito de salsa.

2 cucharadas de aceite vegetal o de oliva virgen
1 cebolla picada muy fina
4 dientes de ajo picados muy finos
¼-½ cucharadita de comino molido
2-3 cucharaditas de chile molido de sabor suave, como ancho o Nuevo México
1 zanahoria cortada en rodajas
1 patata mantecosa pelada y cortada en dados
350 g de tomates frescos o de lata, cortados en dados
1 calabacín cortado en dados
¼ de col pequeña cortada en tiras finas
1 litro de caldo de verduras , o de pollo, o de agua
granos de maíz de una mazorca, o 120 g de maíz de lata
unas 10 judías verdes cortadas en trocitos
sal y pimienta

PARA SERVIR
salsa mexicana de su elección o chile fresco picado, como jalapeño o serrano, al gusto

Empanadas de carne picantes y dulces

Preparación: 15 minutos
Cocción: 15-25 minutos
Para: 8 unidades

50 g de masa de hojaldre
  ya preparada
harina para espolvorear
1 yema de huevo batida con
  1-2 cucharadas de agua

RELLENO DE CARNE PICANTE
500 g de carne de buey picada
1 cebolla picada muy fina
2-3 dientes de ajo picados muy
  finos
60 ml de jerez seco o dulce
1 pizca de canela molida
1 pizca de clavo molido
1 pizca de comino molido
400 g de tomates de lata
  picados
1-3 cucharaditas de azúcar
1 cucharada de vinagre
3 cucharadas de cilantro picado
2-3 cucharadas de almendras
  tostadas picadas gruesas
sal y pimienta

PARA SERVIR
aceitunas verdes
chiles variados

Éste es un aperitivo que puede preparar con mucha antelación, porque se conserva congelado hasta un mes, y sólo tendrá que meterlo en el horno en el último momento: ¡el sabor seguirá siendo estupendo!

1 Precaliente el horno a 190 °C. Para hacer el relleno dore la carne y la cebolla en una sartén a fuego medio. Retire el exceso de grasa, agregue el ajo y el jerez y deje que hierva hasta que el líquido casi se haya evaporado.

2 Añada la canela, el clavo, el comino y sal y pimienta al gusto. Incorpore el tomate, el azúcar y el vinagre y déjelo a fuego medio hasta que el tomate se haya reducido a una salsa espesa. Agregue el cilantro y la almendra, caliéntelo todo bien y resérvelo.

3 Extienda la masa de hojaldre bien fina con el rodillo, sobre una superficie enharinada. Con un cortapastas de 15 cm de diámetro recorte 8 círculos. Coloque 1 o 2 cucharadas de relleno en el centro de cada círculo. Unte los bordes de la pasta con el huevo batido, dóblela y presione los bordes.

4 Presione los bordes de la empanadilla con un tenedor para que queden bien sellados. Pinche la parte superior con el tenedor y colóquela sobre una bandeja de hornear. Úntela con huevo batido. Repita la operación con el resto de masa y de relleno.

5 Hornee las empanadillas de 15 a 25 minutos o hasta que estén doradas por fuera y calientes por dentro. Sírvalas recién sacadas del horno, acompañadas con las aceitunas y los chiles.

Cóctel de marisco al estilo de Veracruz

 Preparación: 50 minutos
Cocción: 15 minutos
Para: 6 personas

1 litro de caldo de pescado,
  o agua con 1 cubito de caldo
  de pescado
2 hojas de laurel
1 cebolla picada
3-5 dientes de ajo cortados
  en trozos grandes
675 g de marisco crudo, como
  gambas con su cáscara,
  vieiras, aros y tentáculos
  de calamar, etc.
180 ml de ketchup
60 ml de salsa mexicana
  picante
1 buen pellizco de comino
  molido
6-8 cucharadas de cilantro
  picado
4 cucharadas de zumo de lima,
  y un poco más para el
  aguacate
1 aguacate
sal

En todas las costas y playas mexicanas verá rótulos anunciando buen pescado y marisco. Éste es uno de los platos típicos que suelen ofrecer y está repleto de sabor.

1 Vierta el caldo en una cacerola de base gruesa con la hoja de laurel, la mitad de la cebolla y todo el ajo. Llévelo a ebullición, reduzca la temperatura y déjelo a fuego suave 10 minutos o hasta que el ajo y la cebolla se hayan ablandado.

2 Incorpore el marisco por orden, según el tiempo de cocción que requiera. Los trocitos pequeños se cuecen al mismo tiempo y puede añadirlos todos a la vez. Déjelos 1 minuto y retire la cacerola del fuego. Acabe de cocer el marisco en el caldo mientras se va enfriando.

3 Una vez frío el caldo, retire el marisco con una espumadera. Pele las gambas y cualquier otro marisco que lo requiera. Reserve el caldo.

4 Mezcle el ketchup con la salsa picante y el comino en un bol. Reserve una cuarta parte para servir. Incorpore el marisco al cuenco con el resto de la cebolla, el cilantro, el zumo de lima y 250 ml del caldo de pescado reservado. Remueva con cuidado y añada sal.

5 Corte el aguacate por la mitad, a lo largo, y gire las dos mitades en direcciones opuestas para separarlas. Pinche el hueso con la punta de un cuchillo y retírelo. Pele el aguacate con cuidado, córtelo en dados y páselo por el zumo de lima para evitar que ennegrezca. Sirva el cóctel en boles individuales, con el aguacate y remátelo con una cucharada de la salsa reservada.

Cóctel de gambas y mango

El mango, aunque es una fruta, combina a la perfección con los sabores salados y su sabor queda realzado por ellos. Su maravilloso color aporta un toque decorativo a los platos.

 Preparación: 15 minutos, más 2 horas en el frigorífico
Cocción: no requiere
Para: 4 personas

1 Ponga los tomates en un cuenco refractario y cúbralos con agua hirviendo. Déjelos 1 o 2 minutos en remojo, retírelos con una espumadera, refrésquelos en agua fría y pelélos. Córtelos en dados y déjelos en un cuenco no metálico.

2 Corte el mango por ambos lados del hueso plano central. Pele las dos mitades y trocee la carne. Añádala al tomate, con el zumo que pueda haber soltado.

3 Incorpore el chile, el zumo de lima y el cilantro picado, así como sal y pimienta al gusto. Cúbralo y déjelo en el frigorífico 2 horas para permitir que los sabores maduren.

4 Saque el cuenco del frigorífico, añada las gambas a la mezcla con cuidado y repártala en 4 platos individuales. Adorne el cóctel con el cilantro picado y sírvalo enseguida.

6 tomates cereza
1 mango grande maduro
1 chile verde fresco y de sabor suave, como el poblano, sin semillas y picado muy fino
el zumo de 1 lima
1 cucharada de cilantro picado, y un poco más para decorar
400 g de gambas grandes cocidas y peladas
sal y pimienta

Queso asado con salsa mexicana

 Preparación: 10 minutos

Cocción: 15 minutos

Para: 4 personas

8 tortillas de maíz blandas

225 g de queso mexicano de Oaxaca, mozzarella o romano fresco

135 ml de salsa cruda (véase pág. 165) o alguna otra buena salsa mexicana

½-1 cebolla picada muy fina

La mezcla de queso fundido y salsa picante resulta irresistible. En México suelen preparar este plato sobre la barbacoa, para ir picando mientras esperan que el resto de platos se vaya asando.

1 Precaliente el horno a 200 °C o el grill a temperatura media. Ponga al fuego una sartén antiadherente, sin aceite, y cuando esté caliente, deposite en ella una tortilla. A la vez, rocíela con unas gotas de agua. Envuélvala en papel de aluminio o un paño de cocina limpio para mantenerla caliente. Haga lo mismo con el resto de tortillas.

2 Corte el queso en dados o lonchitas y dispóngalo sobre una fuente refractaria llana o en platos individuales.

3 Cubra el queso con varias cucharadas de salsa y déjelo en el horno o bajo el grill caliente. Espere a que el queso se funda y burbujee, dejando que se dore por algunas partes.

4 Espolvoréelo con cebolla picada al gusto y sírvalo con las tortillas calientes. Sírvalo enseguida porque el queso queda correoso cuando se enfría y resulta difícil de comer.

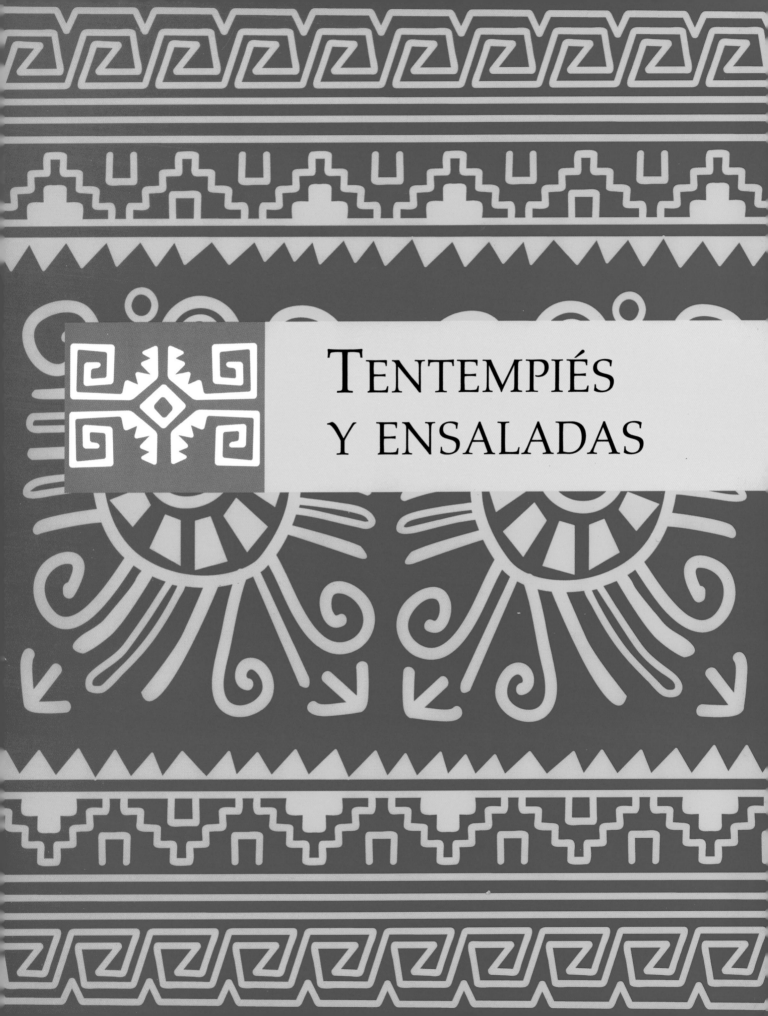

TENTEMPIÉS Y ENSALADAS

Quesadillas de queso y chorizo

Preparación: 15 minutos
Cocción: 30-40 minutos
Para: 4 personas

120 g de mozzarella rallada
120 g de cheddar rallado
225 g de chorizo, sin la piel,
   o de jamón cocido cortado
   en dados
4 cebolletas picadas muy finas
2 chiles verdes tipo poblano, sin
   semillas y picados muy finos
8 tortillas de trigo
sal y pimienta
aceite vegetal para untar
gajos de lima para decorar

La quesadilla es la versión mexicana de un sándwich de queso caliente. El queso de Oaxaca, también conocido como asadero, es el auténtico que se utiliza para las quesadillas, pero la mozzarella es un buen sustituto.

1 Ponga en un cuenco los quesos, el chorizo, la cebolleta, el chile y sal y pimienta al gusto, y mézclelo todo bien.

2 Reparta la mezcla entre 4 tortillas y ponga las otras 4 encima.

3 Unte una sartén grande y antiadherente de base gruesa con aceite y caliéntela a fuego medio. Deposite 1 quesadilla y presiónela con una espátula de 4 a 5 minutos, o bien hasta que la parte de abajo esté crujiente y ligeramente dorada. Dele la vuelta y espere a que el queso comience a fundirse. Retírela de la sartén y manténgala caliente. Haga lo mismo con el resto de tortillas.

4 Corte cada quesadilla en cuartos, colóquela sobre un plato caliente y sírvala adornada con gajos de lima.

Tostadas de carne de cerdo

Preparación: 15 minutos

Cocción: 25 minutos

Para: 6-8 personas

1½ cucharadas de aceite vegetal

1 cebolla pequeña picada muy fina

2 dientes de ajo picados muy finos

450 g de carne de cerdo picada

2 cucharaditas de comino molido

2 cucharaditas de chile molido y un poco más para decorar

1 cucharadita de canela molida

6 tortillas de maíz blandas cortadas en triángulos

sal y pimienta

PARA SERVIR

pimiento rojo cortado en dados pequeños

tiras finas de lechuga iceberg

crema agria

Encontrará este plato en todo México e incluso al otro lado de la frontera en el estado de Texas. Si lo prefiere, sustituya la carne de cerdo por la de ternera y para ahorrar tiempo utilice nachos en lugar de los triángulos de tortilla fritos.

1 Caliente 1 cucharada de aceite en una sartén de base gruesa a fuego medio y sofría la cebolla y el ajo, mientras remueve con frecuencia, 5 minutos o hasta que se ablanden. Aumente la temperatura y fría la carne de cerdo hasta que esté bien dorada. Remueva sin parar para deshacer los grumos.

2 Incorpore el comino, el chile molido, la canela, sal y pimienta al gusto y remueva durante 2 minutos más. Cubra la sartén y déjelo todo a fuego lento 10 minutos. Remueva de vez en cuando.

3 Entre tanto, caliente el resto del aceite en una sartén antiadherente y fría los triángulos de tortilla por ambos lados, en tandas, hasta que estén crujientes. Déjelos escurrir sobre papel absorbente.

4 Ponga las tostadas en una fuente de servir y deposite la mezcla de carne encima, seguida de los dados de pimiento, las tiras de lechuga y un poco de crema agria. Adórnelo con un poquito de chile molido y sírvalo enseguida.

Molletes

Los molletes son unos panecillos crujientes rellenos de frijoles calientes y queso fundido, con un poco de salsa picante. La ensalada de col picante les da un toque crujiente.

 Preparación: 15 minutos
Cocción: 20-25 minutos
Para: 4 personas

1 Precaliente el horno a 200 °C. Para hacer la ensalada mezcle la col en un cuenco con el chile, el aceite de oliva y el vinagre. Añada orégano y sal y pimienta al gusto. Resérvela.

2 Rebane los panecillos por la mitad y retire parte de la miga con el fin de dejar espacio para el relleno. Úntelos con el aceite vegetal, dispóngalos sobre una bandeja de hornear y déjelos en el horno de 10 a 15 minutos, hasta que estén dorados y crujientes.

3 Entre tanto, ponga los frijoles en un cazo y caliéntelos con el agua necesaria para obtener una pasta suave.

4 Caliente el aceite vegetal en una sartén y sofría la cebolla, el ajo y el beicon hasta que éstos se doren y la cebolla quede tierna . Incorpore el tomate y remueva hasta que todo se haya reducido a una salsa espesa. A continuación, añada los frijoles calientes Agregue comino al gusto. Resérvelo.

5 Saque los panecillos del horno, y, con éste todavía encendido, rellénelos con la mezcla caliente de frijoles, remate con el queso y ciérrelos bien. Vuelva a colocarlos en la bandeja de hornear y déjelos en el horno hasta que el queso se funda.

6 Abra los panecillos y añádales un poquito de ensalada de col. Sírvalos enseguida.

4 panecillos
1 cucharada de aceite vegetal y un poco más para untar
2 porciones de frijoles refritos (o 400 g de frijoles de lata)
1 cebolla picada
3 dientes de ajo picados
3 lonchas de beicon cortadas en trocitos, o unos 85 g de chorizo cortado en dados
225 g de tomate fresco o de lata cortado en dados
¼-½ cucharadita de comino molido
300 g de queso de Oaxaca (o mozzarella) rallado

ENSALADA DE COL
¼ de col cortada en tiras finas
2 cucharadas de chiles jalapeños encurtidos cortados en rodajitas
1 cucharada de aceite de oliva virgen extra
3 cucharadas de vinagre de sidra
¼ de cucharadita de orégano seco
sal y pimienta

Empanadas de pollo y maíz

Preparación: 25 minutos

Cocción: 20 minutos

Para: 8 personas

400 g de pollo cocido cortado
  en dados

400 g de granos de maíz
  cremoso de lata

1 cebolla pequeña picada
  muy fina

8 aceitunas verdes rellenas de
  pimiento picadas muy finas

2 cucharadas de cilantro picado
  muy fino

1 cucharadita de salsa Tabasco,
  o al gusto

1 cucharadita de canela molida

350 g de masa de hojaldre ya
  preparada. Descongélela si era
  congelada.

sal y pimienta

harina para espolvorear

huevo batido para sellar
  y glasear

Estos bocaditos de masa de hojaldre gustan a todo el mundo. Es mejor comerlos calientes, pero también son muy prácticos para llevar al trabajo como almuerzo o para una merienda campestre.

1 Precaliente el horno a 200 °C. Ponga en un bol el pollo, el maíz, la cebolla, la aceituna, el cilantro, el Tabasco, la canela y sal y pimienta al gusto. Mézclelo todo bien.

2 Extienda la masa de hojaldre sobre una superficie ligeramente enharinada y recorte 8 círculos. Para ello, utilice un plato de 15 cm como guía.

3 Coloque un poco de relleno sobre la mitad de cada círculo de masa. Unte el borde con huevo batido, doble la masa sobre el relleno y junte bien los bordes para sellarlos. Presiónelos con un tenedor y pinche la parte superior de las empanadillas.

4 Colóquelas sobre una bandeja para el horno, úntelas con huevo batido y espolvoréelas con un poquito de sal. Hornéelas 20 minutos o hasta que estén doradas y muy calientes por dentro.

Tamales

 Preparación: 30 minutos,
más 3 horas de remojo
Cocción: 40-60 minutos
Para: 4-6 personas

8-10 farfollas de maíz o varias
  hojas de banano, cortadas
  en cuadrados de 30 cm
6 cucharadas de manteca
  animal o vegetal blanca
½ cucharadita de sal
1 pizca de azúcar
1 pizca de comino molido
250 g de masa harina
½ cucharadita de levadura
  en polvo
unos 250 ml de caldo de carne,
  de pollo o vegetal

RELLENO
100 g de maíz cocido, mezclado
  con un poco de queso y chile
  verde fresco picado (como
  poblano o serrano), o carne
  de cerdo cocida con una salsa
  de chile suave

PARA SERVIR
tiras de lechuga tipo romana
  o iceberg
gajos de tomate
salsa mexicana de su elección

Los tamales, un plato típico mexicano, son una masa de harina de maíz, rellena con una mezcla jugosa y después envuelta en hojas de banano o farfollas de maíz. Son muy indicados para comerlos en fiestas.

1 Si utiliza farfollas de maíz, déjelas en remojo en agua caliente un mínimo de 3 horas o bien toda la noche. Si usa hojas de banano, caliéntelas unos segundos sobre la llama del fogón para volverlas flexibles.

2 Para hacer la masa de los tamales, bata la manteca en un bol hasta que esté esponjosa y después agregue la sal, el azúcar, el comino, la masa harina y la levadura en polvo, y remueva hasta que tenga consistencia de pan rallado.

3 Agregue el caldo de forma gradual, en varias tandas, y bata hasta que la mezcla esté esponjosa y parezca nata montada.

4 Extienda 1 o 2 cucharadas de la mezcla de tamales sobre una farfolla de maíz que haya dejado en remojo y ya esté escurrida o bien sobre un trozo de hoja de banano flexible.

5 Deposite el relleno encima, doble las farfollas u hojas de banano para encerrar el relleno. Envuelva cada paquetito en papel de aluminio y déjelos todos en una vaporera.

6 Vierta agua caliente en la base de la vaporera, cúbrala y deje que hierva. Cueza los tamales al vapor de 40 a 60 minutos. Añada más agua caliente cuando sea necesario. Retire los tamales, desenvuélvalos y sírvalos con tiras de lechuga, gajos de tomate y salsa mexicana.

Huevos rancheros

Dele un toque picante a su mañana con estos huevos al estilo ranchero o campesino: un plato ideal para el fin de semana. Si es demasiado temprano para tanto picante, reduzca el número de chiles.

 Preparación: 15 minutos
Cocción: 35-40 minutos
Para: 4 personas

1 Caliente la mantequilla en una sartén de base gruesa a fuego medio y sofría la cebolla. Para ello, remuévala con el ajo 5 minutos o hasta que se haya ablandado. Incorpore el pimiento y el chile y déjelos 5 minutos o hasta que estén tiernos.

2 Ponga los tomates en un cuenco refractario y cúbralos con agua hirviendo. Déjelos 1 o 2 minutos, retírelos con una espumadera, refrésquelos con agua fría y quíteles la piel. Píquelos.

3 Precaliente el horno a 180 ºC. Añada a la sartén el tomate, el zumo de limón y el orégano y salpimiente al gusto. Deje que hierva, baje la temperatura, cúbralo y déjelo a fuego suave 10 minutos o hasta que se haya espesado. Añada un poco más de zumo de limón si ve que se seca.

4 Pase la mezcla a una fuente grande para el horno. Haga 4 hoyos y rompa un huevo sobre cada uno de ellos. Hornee los huevos de 12 a 15 minutos o hasta que hayan cuajado.

5 Espolvoréelos con queso rallado y déjelos 3 o 4 minutos más en el horno o hasta que el queso se haya fundido. Sírvalos enseguida con las tortillas de harina de trigo.

2 cucharadas de mantequilla o manteca de cerdo o de buey
2 cebollas picadas muy finas
2 dientes de ajo picados muy finos
2 pimientos rojos o amarillos sin semillas y cortados en dados
2 chiles verdes de sabor suave, como el poblano, sin semillas y picados muy finos
4 tomates maduros grandes
2 cucharadas de zumo de limón o de lima
2 cucharaditas de orégano seco
4 huevos grandes
85 g de queso cheddar rallado
sal y pimienta
4 tortillas de trigo blandas para servir

Nachos

 Preparación: 10 minutos

Cocción: 5-8 minutos

Para: 6 personas

¿Quién puede resistirse a estos nachos calientes con esa fantástica combinación de texturas crujientes, esponjosas y fibrosas? Son facilísimos de preparar, en especial si utiliza frijoles refritos.

2 porciones de frijoles refritos
   (o 400 g de frijoles de lata)
175 g de chips (triángulos
   de tortilla fritos)
2 cucharadas de chiles
   jalapeños envasados picados
   muy finos
200 g de pimientos de lata o
   envasados, o bien pimientos
   asados, escurridos y cortados
   en tiras muy finas
120 g de queso gruyer rallado
120 g de queso cheddar rallado
sal y pimienta

1 Precaliente el horno a 200 ºC. Ponga los frijoles refritos en un cazo con un poquito de agua y caliéntelos a fuego suave.

2 Extienda los triángulos de tortilla sobre el fondo de una fuente refractaria grande y llana, o bien póngalos en una bandeja para el horno. Cúbralos con los frijoles refritos calientes. Espolvoree por encima el chile y el pimiento y salpimiente al gusto. Mezcle ambos quesos en un cuenco y espolvoréelos sobre los nachos.

3 Hornéelos en el horno precalentado de 5 a 8 minutos o hasta que el queso se haya fundido y burbujee. Sírvalos enseguida.

Nachos de frijoles negros

Preparación: 15 minutos, más 8 horas de remojo (opcional)

Cocción: 1¾ horas

Para: 4 personas

260 g de frijoles negros secos o enlatados y escurridos

180-240 g de queso rallado tipo cheddar, fontina, romano, asiago o una mezcla de varios

¼ de cucharadita de semillas de comino, o comino molido

unas 4 cucharadas de crema agria

chiles jalapeños encurtidos cortados en rodajitas (opcional)

1 cucharada de cilantro picado

1 puñado de tiras de lechuga tipo romana o iceberg

nachos, para servir

Este tentempié de frijoles y queso está repleto de sabores mexicanos y resulta muy divertido de comer. Además, es estupendo para empezar cualquier comida.

1 Si utiliza frijoles negros secos, déjelos en remojo toda la noche y después escúrralos. Llévelos a ebullición en una cacerola cubierta, hiérvalos 10 minutos, baje el fuego y déjelos 1 hora y media, o hasta que estén tiernos. Escúrralos bien.

2 Precaliente el horno a 190 °C. Extienda los frijoles sobre una fuente refractaria llana, espolvoree el queso por encima y a continuación añada comino al gusto.

3 Hornéelos en el horno precalentado de 10 a 15 minutos o hasta que los frijoles estén bien cocidos y el queso se haya fundido y burbujee.

4 Retírelos del horno y ponga cucharadas de crema agria encima. Añada los chiles si los utiliza y reparta por encima las tiras de lechuga y el cilantro picado.

5 Disponga los nachos alrededor de los frijoles y sirva el plato enseguida.

Tortas

En todo México encontrará vendedores ambulantes que le ofrecerán estos bocadillos, rellenos con todo tipo de ingredientes. Prepárelos en casa y varíe el relleno a su gusto.

 Preparación: 10 minutos
Cocción: 10 minutos
Para: 4 personas

1 Corte los panecillos por la mitad y retire un poco de miga para dejar espacio al relleno.

2 Unte los panecillos por dentro y por fuera con mantequilla y tuéstelos unos minutos por ambos lados sobre una plancha caliente o una sartén, hasta que estén crujientes. También puede hacerlo en el horno precalentado a 200 °C.

3 Entre tanto, ponga los frijoles en un cazo con un poquito de agua y caliéntelos a fuego suave.

4 Corte el aguacate por la mitad, a lo largo, y gire las dos mitades en direcciones opuestas para separarlas. Pinche el hueso con la punta de un cuchillo y retírelo. Pele el aguacate con cuidado, córtelo en dados y páselo por el zumo de lima para evitar que ennegrezca.

5 Cuando los panecillos estén calientes, unte una mitad con los frijoles y ponga encima una capa de carne cocida. Remate con el tomate, la cebolla, el cilantro y el aguacate.

6 Extienda una generosa capa de crema agria sobre la otra mitad de panecillo. Rocíe el relleno con salsa y deposite unas tiras de lechuga encima. Cierre el panecillo para contener el relleno y presione bien. Sírvalos enseguida.

4 panecillos tipo francés
mantequilla derretida o aceite de oliva para untar
1 porción de frijoles refritos (o 225 g de frijoles de lata)
1 aguacate
zumo de lima para el aguacate
350 g de pollo cocido cortado en tiras, trozos de chorizo dorados, lonchas de jamón cocido y queso, o cualquier otro tipo de carne cocida que haya sobrado y tenga a mano
1 tomate maduro cortado en rodajas o dados
1 cebolla pequeña picada muy fina
2 cucharadas de cilantro picado
4-6 cucharadas de crema agria o yogur colado
salsa mexicana de su elección
1 puñado de tiras de lechuga tipo romana o iceberg

Ensalada de carne, aguacate y judías

 Preparación: 15 minutos,
más 30 minutos de maceración
Cocción: 6 minutos
Para: 4 personas

350 g de carne tierna, como
   lomo bajo o solomillo
4 dientes de ajo picados
el zumo de 1 lima, y un poco
   más para el aguacate
4 cucharadas de aceite de oliva
   virgen extra
1 cucharada de vinagre de vino
¼ de cucharadita de chile
   molido de sabor suave, como
   ancho o Nuevo México
¼ de cucharadita de comino
   molido
½ cucharadita de pimentón
1 pizca de azúcar (opcional)
1 aguacate
5 cebolletas cortadas en
   rodajitas
unos 200 g de hojas de lechuga
   romana, o hierbas frescas
   variadas
225 g de maíz de lata, escurrido
400 g de frijoles pintos, negros
   o colorados, escurridos
2 tomates maduros, cortados
   en dados
¼ de chile verde o rojo, tipo
   poblano o Anaheim, picado
3 cucharadas de cilantro picado
1 puñado de nachos troceados
sal y pimienta

La influencia californiana en la comida mexicana resulta evidente en esta completa y suculenta ensalada. Con variados y deliciosos ingredientes, este fantástico plato es una comida completa.

1 Ponga la carne en una fuente no metálica con el ajo, la mitad del zumo de lima y el aceite. Salpimiente al gusto, cúbrala y déjela macerar 30 minutos.

2 Para preparar el aliño, mezcle en un bol que no sea metálico la mitad del zumo de lima, el aceite, el vinagre, el chile molido, el comino y el pimentón. Añada el azúcar, si lo utiliza, y resérvelo.

3 Fría la carne o ásela bajo el grill caliente hasta que esté dorada por fuera y hecha al gusto por dentro. Retírela de la sartén o del grill, córtela en tiras y resérvela; manténgala caliente o déjela enfriar.

4 Corte el aguacate por la mitad, a lo largo, y gire las dos mitades en direcciones opuestas para separarlas. Pinche el hueso con la punta de un cuchillo y retírelo. Pele el aguacate con cuidado, córtelo en dados y páselo por el zumo de lima para evitar que ennegrezca.

5 Mezcle la cebolleta con la lechuga y dispóngalas sobre una fuente de servir. Rocíelas con la mitad del aliño y vaya colocando el maíz, los frijoles, el aguacate y los tomates por encima. Espolvoree con el chile y el cilantro.

6 Coloque las tiras de carne y los nachos por encima, rocíelo con el resto del aliño y sirva la ensalada enseguida.

Ensalada de ceviche

 Preparación: 20 minutos,
más 8 horas de maceración

Cocción: no requiere

Para: 4 personas

450 g de filetes de salmón,
pargo rojo o lenguado,
cortados en tiras o lonchitas

1 cebolla pequeña picada
muy fina

1 chile jalapeño fresco o 2 chiles
verdes frescos pequeños, tipo
poblano, sin semillas y
picados muy finos

el zumo de 3 limas

1 cucharada de aceite de oliva
virgen extra

1 cucharada de cilantro picado
y un poco más para decorar

1 cucharada de cebollino
o eneldo troceado

2 tomates

1 aguacate maduro

2 cucharadas de alcaparras
enjuagadas (opcional)

sal y pimienta

Este elegante plato no puede ser más fácil de hacer pero precisa varias horas de maceración en el frigorífico para que el pescado crudo se «cueza» con el zumo de lima: sabrá que está listo cuando las tiras de pescado se vuelvan opacas.

1 Ponga en una fuente no metálica el pescado, la cebolla, el chile, el aceite y las hierbas y mézclelos bien. Cubra la fuente y deje macerar el pescado en el frigorífico 8 horas o toda la noche. Remueva de vez en cuando para que todo quede bien cubierto de adobo.

2 Cuando esté listo para servir saque el pescado del frigorífico y salpimiéntelo al gusto.

3 Ponga los tomates en un cuenco refractario y cúbralos con agua hirviendo. Déjelos reposar 1 o 2 minutos, retírelos con una espumadera, refrésquelos con agua fría y quíteles la piel. Córtelos en rodajitas finas.

4 Corte el aguacate por la mitad, a lo largo, y gire las dos mitades en direcciones opuestas para separarlas. Pinche el hueso con la punta de un cuchillo y retírelo. Pele el aguacate con cuidado y córtelo en lonchitas finas.

5 Disponga la mezcla de pescado en una bandeja con el tomate y el aguacate, reparta las alcaparras por encima, si las utiliza, y decórelo con el cilantro picado.

Nota: las personas con ciertas enfermedades, como diabetes o dolencias hepáticas, o un sistema inmunitario débil no deben tomar pescado crudo. También deberían evitarlo las personas ancianas, las mujeres embarazadas o lactantes y los niños muy pequeños.

Calabacín con vinagreta de chile verde

Mezcle los calabacines ligeramente cocidos con tomate maduro y jugoso y alíñelos con una vinagreta de chile verde: obtendrá una ensalada perfecta para un almuerzo o cena estival.

 Preparación: 30 minutos
Cocción: 10 minutos, más 20 minutos de reposo
Para: 4 personas

1 Ase el chile (o, si ha optado por ella, la mezcla de pimiento y chile) en una sartén de base gruesa sin aceite o bajo el grill caliente, hasta que la piel esté chamuscada. Introdúzcalo en una bolsa de plástico, ciérrela bien y déjelo reposar unos 20 minutos.

2 Pele el chile y el pimiento, si lo utiliza, retire las semillas y córtelo en rodajitas. Resérvelo.

3 Lleve a ebullición unos tres dedos de agua en una vaporera. Deposite las rodajas de calabacín en la parte superior, cubra la vaporera y cueza el calabacín 5 minutos o hasta que esté tierno.

4 Entre tanto mezcle los ingredientes del aliño en un bol. Incorpore el chile y el pimiento, si lo utiliza, y salpimiente al gusto.

5 Coloque el calabacín y el tomate en una fuente o ensaladera y vierta la vinagreta de chile por encima. Remueva con suavidad y sirva la ensalada con unos nachos, si lo desea.

1 chile verde fresco de sabor suave, como el poblano, o una mezcla de 1 pimiento verde y ½-1 chile verde fresco
4 calabacines cortados en rodajas
4 tomates maduros cortados en dados o rodajas
sal y pimienta
nachos para servir (opcional)

ALIÑO
2-3 dientes de ajo picados muy finos
1 pizca de azúcar
¼ de cucharadita de comino molido
2 cucharadas de vinagre de vino blanco
4 cucharadas de aceite de oliva virgen extra
2-3 cucharadas de cilantro picado

Ensalada de papaya, aguacate y pimiento rojo

Preparación: 20 minutos
Cocción: no requiere
Para: 4-6 personas

Esta atractiva y refrescante ensalada, con sus contrastes dulces y picantes, es el acompañamiento perfecto para un plato principal de carne, y queda muy bien con alimentos asados en la barbacoa.

200 g de hojas variadas
   de ensalada
2-3 cebolletas picadas
3-4 cucharadas de cilantro
   picado
1 papaya pequeña
2 pimientos rojos sin semillas
   y cortados en tiras finas
1 aguacate
zumo de lima para el aguacate
3-4 cucharadas de pepitas de
   calabaza. Es preferible que
   sean tostadas (opcional)

ALIÑO
el zumo de 1 lima
1 pellizco grande de pimentón
1 pellizco grande de comino
   molido
1 pellizco grande de azúcar
1 diente de ajo picado muy fino
4 cucharadas de aceite de oliva
   virgen extra
sal
1 chorrito de vinagre de vino
   blanco (opcional)

1 Mezcle las hojas de ensalada con la cebolleta y el cilantro en un cuenco y después páselo a una ensaladera grande.

2 Parta la papaya por la mitad y retire las semillas con una cuchara. Córtela en cuartos, pélela y corte la carne en lonchitas. Dispóngalas sobre las hojas de ensalada y después añada el pimiento.

3 Corte el aguacate por la mitad, a lo largo, y gire las dos mitades en direcciones opuestas para separarlas. Pinche el hueso con la punta de un cuchillo y retírelo. Pele el aguacate con cuidado, córtelo en dados y páselo por el zumo de lima para evitar que ennegrezca. Añádalo al resto de ingredientes de la ensalada.

4 Para hacer el aliño, bata en un bol el zumo de lima con el pimentón, el comino, el azúcar, el ajo y el aceite. Salpimiéntelo al gusto.

5 Aliñe la ensalada y agítela con suavidad. Añada un chorrito de vinagre, si lo desea. Si utiliza las pepitas de calabaza, repártalas por encima.

Ensalada de cítricos con granada

Preparación: 20 minutos

Cocción: no requiere

Para: 4 personas

1 granada grande

1 pomelo

2 naranjas dulces

la ralladura fina de ½ lima

1-2 dientes de ajo picados muy finos

3 cucharadas de vinagre de vino tinto

el zumo de 2 limas

½ cucharadita de azúcar

¼ de cucharadita de mostaza en polvo

4-5 cucharadas de aceite de oliva virgen extra

1 aguacate

zumo de lima o de limón para el aguacate

1 lechuga de hoja rojiza tipo hoja de roble

sal y pimienta

½ cebolla roja cortada en rodajitas para decorar

Una ensalada como ésta es un claro ejemplo de lo que tienen en común México y el Mediterráneo en lo referente a sabores e ingredientes madurados bajo el sol.

1 Corte la granada en cuartos, tire de la piel hacia atrás y deposite los granos, que irán cayendo poco a poco, en un cuenco.

2 Con un cuchillo afilado rebane la parte superior y la inferior del pomelo. Retire la piel y la pulpa blanca cortando hacia abajo. Separe los gajos y añádalos a los granos de granada.

3 Ralle la piel de media naranja de modo que quede muy fina y resérvela. Con un cuchillo afilado, rebane la parte superior e inferior de ambas naranjas. Retire la piel y la pulpa blanca. Para ello, corte hacia abajo y con cuidado de que las naranjas no pierdan la forma. Rebánelas en rodajas horizontales y después corte las rodajas en cuartos. Incorpore la naranja a la granada y al pomelo y remueva para mezclarlos.

4 En un bol no metálico mezcle la ralladura de naranja con la de lima, el ajo, el vinagre, el zumo de lima, el azúcar y la mostaza. Salpimiente al gusto, añada el aceite y bata.

5 Corte el aguacate por la mitad, a lo largo, y gire las dos mitades en direcciones opuestas para separarlas. Pinche el hueso con la punta de un cuchillo y retírelo. Pele el aguacate con cuidado, córtelo en dados y páselo por el zumo de lima para evitar que ennegrezca.

6 Ponga la lechuga en una ensaladera, disponga la fruta encima, alíñelo todo y remueva con cuidado. Decore la ensalada con las rodajitas de cebolla y sírvala enseguida.

PLATOS PRINCIPALES

Bistecs macerados en tequila

 Preparación: 10 minutos,
más 2 horas de maceración
y 30 minutos de reposo
Cocción: 6-8 minutos
Para: 4 personas

4 bistecs de lomo bajo
sal y pimienta

ADOBO
2 cucharadas de aceite de oliva
3 cucharadas de tequila
3 cucharadas de zumo
  de naranja
1 cucharada de zumo de lima
3 dientes de ajo majados
2 cucharaditas de chile molido
  de sabor suave, tipo ancho
  o Nuevo México
2 cucharaditas de comino
  molido
1 cucharadita de orégano seco

PARA SERVIR
salsa de maíz y pimiento rojo
rodajas o trozos de patata

Ha llegado la hora de la barbacoa al estilo mexicano. El adobo le garantiza que la carne se derretirá en la boca. Si el tiempo no acompaña para una comida al aire libre, ase la carne bajo el grill.

1 Para hacer el adobo, ponga todos los ingredientes, más sal y pimienta al gusto, en una fuente no metálica grande y llana, y mézclelos bien. Incorpore la carne y dele la vuelta para que quede bien recubierta con el adobo. Cúbrala y guárdela en el frigorífico un mínimo de 2 horas o toda la noche. Dele la vuelta de vez en cuando.

2 Precaliente la barbacoa y engrase la parrilla. Espere unos 30 minutos, hasta que la carne esté a temperatura ambiente y después retírela del adobo. Ásela en la barbacoa de 3 a 4 minutos por cada lado o unos minutos más si la prefiere más hecha. Úntela con frecuencia con el resto del adobo. Sírvala enseguida.

Chiles rellenos de carne

Preparación: 15 minutos,
más 20 minutos de reposo

Cocción: 30-40 minutos

Para: 4 personas

4 chiles poblanos grandes
  y frescos
harina para espolvorear
aceite vegetal para cocinar

RELLENO DE CARNE
500 g de carne de buey picada
1 cebolla picada muy fina
2-3 dientes de ajo picados muy
  finos
60 ml de jerez seco o dulce
1 pizca de canela molida
1 pizca de clavo molido
1 pizca de comino molido
400 g de tomates de lata
  picados
1-3 cucharaditas de azúcar
1 cucharada de vinagre
3 cucharadas de cilantro picado
2-3 cucharadas de almendras
  tostadas picadas gruesas
sal y pimienta

PASTA PARA REBOZAR
3 huevos, con las yemas
  separadas de las claras
6-8 cucharadas de harina
1 pizca de sal
unos 125 ml de agua
salsa de tomate rápida, para
  servir (véase pág. 150)

Estos chiles verdes, grandes y de sabor suave,
están asados y van rellenos con una suculenta
mezcla de carne, de sabor dulce y especiado,
que tiene un toque crujiente de almendra.

1 Ase los chiles en una sartén sin aceite o bajo el grill, hasta que la piel esté chamuscada. Introdúzcalos en una bolsa de plástico, ciérrela bien y déjelos reposar 20 minutos. Haga una incisión en el costado de cada chile y retire las semillas. Deje el rabillo intacto y resérvelos.

2 Para hacer el relleno, dore la carne picada con la cebolla en una sartén de base gruesa, a fuego medio. Retire la grasa sobrante, añada el ajo y el jerez y deje que hierva hasta que el líquido casi se haya evaporado.

3 Incorpore la canela, el clavo, el comino y sal y pimienta al gusto. Añada el tomate, el azúcar y el vinagre y déjelo todo a fuego medio hasta que el tomate se haya reducido a una salsa espesa.

4 Agregue el cilantro y la almendra y continúe con la cocción. Rellene los chiles y espolvoréelos con harina. Resérvelos.

5 Para hacer la pasta de rebozar, bata en un cuenco las yemas de huevo con la harina, la sal y el agua suficiente para obtener una mezcla espesa. Bata las claras a punto de nieve en un bol. Incorpórelas poco a poco a la masa y, a continuación, reboce los chiles.

6 Caliente el aceite en una sartén honda, hasta que humee. Fría los chiles hasta que estén dorados y sírvalos calientes con la salsa de tomate.

Chile con carne

Ésta es una variación moderna del plato clásico, con la carne en trozos en lugar de picada y sin frijoles. El chocolate le da un toque suculento a la salsa.

Preparación: 15 minutos
Cocción: 2½-3½ horas
Para: 4 personas

1 Ponga las semillas de comino en una sartén de base gruesa, sin aceite y a fuego medio, y agite durante 3 o 4 minutos, hasta que las semillas se tuesten un poco. Déjelas enfriar y májelas en el mortero. También puede hacerlo en un molinillo especial para especias.

2 Reboce la carne con la harina salpimentada. Derrita la grasa en una sartén grande de base gruesa y fría la carne en tandas hasta que esté bien dorada. Retírela de la sartén con una espumadera y resérvela.

3 Incorpore la cebolla y el ajo a la sartén y déjelos 5 minutos o hasta que se hayan ablandado. Añada el comino, el orégano, el pimentón y el chile y remueva 2 minutos. Ponga de nuevo la carne en la sartén, vierta la cerveza y añada el chocolate. Llévelo a ebullición mientras remueve, baje la temperatura, cubra la sartén y déjelo a fuego lento de 2 a 3 horas, o hasta que la carne esté bien tierna. Añada más cerveza si fuera necesario.

1 cucharada de semillas de comino

650 g de contratapa de buey cortada en dados de 2,5 cm

harina bien salpimentada, para rebozar

3 cucharadas de manteca de buey o de beicon, o de aceite vegetal

2 cebollas picadas muy finas

4 dientes de ajo picados muy finos

1 cucharada de orégano seco

2 cucharaditas de pimentón

4 chiles rojos secos, tipo ancho o pasilla, machacados (o al gusto)

1 botella grande de cerveza lager

120 g de chocolate negro

Ropa vieja

 Preparación: 15 minutos, más
30 minutos de enfriamiento

Cocción: 2¼ horas

Para: 6 personas

1,5 kg de falda de buey o algún
  otro tipo de carne para estofar
caldo de buey
1 zanahoria cortada en rodajas
10 dientes de ajo cortados
  en rodajas
2 cucharadas de aceite vegetal
2 cebollas cortadas en rodajitas
3-4 chiles verdes frescos de
  sabor suave, tipo poblano,
  sin semillas y cortados en
  rodajitas
sal y pimienta
tortillas de trigo calientes,
  para servir

GUARNICIÓN
3 tomates maduros cortados
  en dados
8-10 rábanos cortados en dados
3-4 cucharadas de cilantro
  picado
4-5 cebolletas picadas
1-2 limas cortadas en gajos

**Para obtener unos estupendos tacos, rellene unas
tortillas calientes con esta tierna carne dorada y
un surtido de verduras crujientes.**

1 Ponga la carne en una cacerola grande y cúbrala con una
mezcla de caldo y agua. Añada la zanahoria y la mitad del
ajo, y sal y pimienta al gusto. Cúbralo y llévelo a ebullición.
Baje la temperatura al mínimo. Retire la espuma de la
superficie, vuelva a tapar la cacerola y deje estofar la carne a
fuego lento, 2 horas o bien hasta que esté muy tierna.

2 Retire la cacerola del fuego y deje enfriar la carne en su
jugo. Una vez se haya enfriado lo suficiente, retírela del
líquido y deshiláchela con los dedos y la ayuda de un tenedor.

3 Caliente el aceite en una sartén grande de base gruesa y
sofría el resto del ajo con la cebolla y el chile, hasta que se
doren un poco. Retírelos de la sartén y resérvelos.

4 Ponga la carne en la sartén y dórela a fuego medio hasta
que esté bien tostada. Pásela a una fuente de servir, ponga
la mezcla de cebolla por encima y alrededor el tomate, el
rábano, el cilantro, la cebolleta y los gajos de lima. Sirva
el plato con tortillas calientes.

Enchiladas de buey

Preparación: 15 minutos

Cocción: 1 hora

Para: 4 personas

Éste es un plato para los que necesitan una buena comida reconfortante. Si lo prefiere, puede utilizar carne picada en lugar de troceada.

2 cucharadas de aceite de oliva
   y un poco más para untar
2 cebollas grandes cortadas
   en rodajitas
550 g de carne magra de buey,
   cortada en trozos del tamaño
   de un bocado
1 cucharada de comino molido
1-2 cucharaditas de pimienta
   cayena o al gusto
1 cucharadita de pimentón
8 tortillas de maíz blandas
225 g de queso cheddar rallado
sal y pimienta

SALSA PARA TACOS
1 cucharada de aceite de oliva
1 cebolla picada muy fina
1 pimiento verde sin semillas
   y cortado en dados
1-2 chiles verdes picantes, tipo
   jalapeños, sin semillas
   y picados muy finos
3 dientes de ajo majados
1 cucharadita de comino molido
1 cucharadita de cilantro molido
1 cucharadita de azúcar moreno
450 g de tomates maduros,
   pelados y picados gruesos
el zumo de ½ limón
sal y pimienta

1 Precaliente el horno a 180 °C. Unte con aceite una fuente de hornear grande y rectangular.

2 Para hacer la salsa, caliente el aceite en una sartén honda a fuego medio y sofría la cebolla 5 minutos o hasta que se haya ablandado. Incorpore el pimiento y el chile y déjelos 5 minutos. Añada el ajo, el comino, el cilantro y el azúcar y deje cocer la salsa otros 2 minutos. Remueva de vez en cuando. Agregue el tomate, el zumo de limón y sal y pimienta al gusto. Llévelo a ebullición, baje la temperatura y déjelo a fuego lento 10 minutos.

3 Entre tanto, caliente el aceite en una sartén grande a fuego suave y sofría la cebolla 10 minutos o hasta que se haya ablandado. Retírela con una espumadera y resérvela.

4 Suba el fuego y fría la carne. Remuévala de 2 a 3 minutos, hasta que esté bien dorada. Déjelo todo a fuego medio, añada las especias y sal y pimienta al gusto y remueva durante 2 minutos más.

5 Caliente cada tortilla en una sartén antiadherente un poco engrasada, 15 segundos por cada lado, y después mójelas en la salsa. Póngales encima un poco de carne, cebolla y queso rallado y enróllelas. Colóquelas con el lado de la juntura hacia abajo en la fuente de hornear, extienda el resto de la salsa y queso rallado por encima y hornéelas 30 minutos. Sírvalas enseguida.

Buey al estilo de Michoacán

Este estofado de buey, con un ligero sabor ahumado, está delicioso, y además, si sobra un poco puede preparar unos estupendos tacos.

 Preparación: 10 minutos
Cocción: 2 horas
Para: 4-6 personas

1 Si utiliza chipotles secos, déjelos en un cazo cubiertos con agua. Protéjase la cara contra las emanaciones, asegúrese de que la cocina esté bien ventilada y lleve los chiles a ebullición. Déjelos cocer 5 minutos, retire el cazo del fuego, cúbralo y espere a que los chiles se hayan ablandado. Retírelos del agua con una espumadera, deseche el rabillo y las semillas y córtelos en tiras finas.

2 Ponga la harina sazonada en un cuenco y reboce los trozos de carne. Retírelos del cuenco y sacúdalos para eliminar el exceso de harina.

3 Caliente el aceite en una sartén y dore un poco la carne, a fuego vivo. A continuación, bájelo a posición media, añada la cebolla y el ajo y déjelo 2 minutos.

4 Incorpore el tomate, los chiles o la salsa de chipotle envasada y el caldo, cubra la sartén y deje estofar la carne 1 hora o hasta que esté bien tierna. Añada las judías verdes y el azúcar 15 minutos antes del final de la cocción. Retire la grasa de la superficie de vez en cuando.

5 Pase el estofado a los platos y sírvalo con unos frijoles cocidos y arroz blanco.

1½ chiles chipotle secos, o un poquito de salsa de chipotle envasada
unas 3 cucharadas de harina, bien sazonada con sal y pimienta, para rebozar
1 kg de carne de buey para estofar, cortada en trozos del tamaño de un bocado
2 cucharadas de aceite vegetal
2 cebollas picadas
5 dientes de ajo picados
400 g de tomates cortados en dados
1,6 litros de caldo de buey
350 g de judías verdes
1 pizca de azúcar

PARA SERVIR
frijoles cocidos
arroz blanco

Albóndigas con salsa picante y dulce

Preparación: 20 minutos
Cocción: 20 minutos
Para: 4 personas

Sabrosas albóndigas que quedan estupendas con su suculenta salsa y servidas con unos boniatos dorados.

200 g de carne de cerdo picada y 200 de buey o de cordero picada
6 cucharadas de arroz o nachos triturados finos
1 huevo ligeramente batido
1½ cebollas picadas muy finas
5 dientes de ajo picados muy finos
½ cucharadita de comino molido
1 buen pellizco de canela molida
2 cucharadas de pasas
2 cucharadas de aceite vegetal, y un poco más si fuera necesario
2 boniatos pelados y en dados
sal y pimienta

SALSA PICANTE Y DULCE
1 cucharada de melaza
1-2 cucharadas de vinagre de sidra o de vino
400 g de tomates de lata, escurridos y picados
375 ml de caldo de carne
1-2 cucharadas de chile molido de sabor suave, de variedad ancho o Nuevo México
1 cucharada de pimentón
1 cucharada de cilantro picado
1 cucharada de perejil o menta picada

PARA SERVIR
queso rallado
judías verdes salteadas (opcional)

1 Mezcle bien la carne con el arroz, el huevo, la mitad de la cebolla y el ajo, el comino, la canela y las pasas.

2 Forme las albóndigas con la mezcla y fríalas en una sartén antiadherente a fuego medio. Si fuera necesario, añada un poco más de aceite hasta que las albóndigas se doren. Retírelas de la sartén y resérvelas. Limpie la sartén con papel absorbente.

3 Para hacer la salsa, ponga en una batidora o robot de cocina la melaza con el vinagre, el tomate, el caldo, el chile molido, el pimentón y el resto de la cebolla y el ajo. Bata bien y después añada el cilantro y el perejil. Reserve la salsa.

4 Caliente el aceite en la sartén limpia y fría el boniato hasta que esté tierno y dorado. Añada más aceite si fuera necesario. Vierta la salsa en la sartén e incorpore las albóndigas. Déjelas 10 minutos o hasta que estén bien calientes y los sabores se hayan mezclado. Salpimiente al gusto. Espolvoree el plato con queso rallado y, si lo desea, sírvalo con unas judías verdes.

Burritos de cordero con frijoles negros

 Preparación: 15 minutos,
más 4 horas de maceración

Cocción: 15-20 minutos

Para: 4 personas

650 g de carne magra
de cordero

3 dientes de ajo picados muy
finos

el zumo de media lima

½ cucharadita de chile molido
de sabor suave, de variedad
ancho o Nuevo México

½ cucharadita de comino
molido

1 buen pellizco de hojas de
orégano secas y trituradas

1-2 cucharadas de de aceite
de oliva virgen extra

4 tortillas de trigo grandes

450 g de frijoles negros,
sazonados con un poco
de comino, sal y pimienta

2-3 cucharadas de cilantro
picado y unas ramitas para
decorar

sal y pimienta

salsa mexicana,
preferiblemente de chipotle

gajos de lima para servir
(opcional)

**Tiras de carne de cordero adobadas y salteadas
con frijoles negros. Son los famosos burritos.**

1 Corte la carne en tiras finas y a continuación mézclelas en
un cuenco no metálico con el ajo, el zumo de lima, el chile
molido, el comino, el orégano y el aceite. Salpimiente al gusto.
Cubra el cuenco y deje macerar la carne en el frigorífico
4 horas.

2 Para calentar las tortillas ponga al fuego una sartén
antiadherente, sin aceite, y deposite encima una tortilla,
que deberá rociar con unas gotas de agua. Para mantenerla
caliente, envuélvala en papel de aluminio o un paño de cocina
limpio. Haga lo mismo con el resto de las tortillas.

3 Caliente los frijoles en un cazo con un poquito de agua.

4 Saltee la carne a fuego vivo en una sartén antiadherente
de base gruesa, hasta que esté bien dorada. Después,
retírela del fuego.

5 Ponga unos frijoles y tiras de carne sobre una tortilla,
espolvoree el cilantro, añada un poco de salsa y dóblela
por los costados. Haga lo mismo con el resto de las tortillas e
ingredientes. Adórnelas con unas ramitas de cilantro y sirva
los burritos enseguida con gajos de lima y, si lo desea, con un
poco de salsa extra.

Chile verde

Si no encuentra tomatillos utilice tomates frescos y salsa verde envasada, y añádale un chorrito de zumo de lima al final.

 Preparación: 15 minutos
Cocción: 2 horas
Para: 4 personas

1 Ponga la carne en una cazuela de barro refractaria y grande con la cebolla, las hojas de laurel y la cabeza de ajos. Cúbrala con agua, añada el cubito de caldo y llévelo a ebullición. Retire la espuma de la superficie, baje el fuego al mínimo y deje estofar la carne 1½ horas, hasta que esté bien tierna.

2 Entre tanto ponga el ajo picado en una batidora o robot de cocina con los tomatillos y el chile. Haga un puré.

3 Caliente el aceite en una sartén honda y sofría la mezcla de tomatillo a fuego medio 10 minutos o hasta que se haya espesado. Agregue el caldo, el chile molido y el comino.

4 Una vez que la carne esté tierna, sáquela de la cazuela y añádala a la salsa. Déjela a fuego suave 20 minutos o hasta que los sabores estén bien mezclados.

5 Adorne el plato con el cilantro picado y sírvalo con unas tortillas calientes y gajos de lima.

1 kg de carne de cerdo cortada en trozos del tamaño de un bocado
1 cebolla picada
2 hojas de laurel
1 cabeza de ajos entera partida por la mitad
1 cubito de caldo
2 dientes de ajo picados
450 g de tomatillos frescos, sin el hollejo, cocidos en un poco de agua hasta que estén tiernos y después picados; puede utilizarlos de lata
2 chiles verdes grandes de sabor suave, tipo poblano, o una mezcla de 1 pimiento verde y 2 chiles jalapeños, sin semillas y picados
3 cucharadas de aceite vegetal
250 ml de caldo de pollo o de cerdo
½ cucharadita de chile molido de sabor suave, de variedad ancho o Nuevo México
½ cucharadita de comino molido
4-6 cucharadas de cilantro para decorar

PARA SERVIR
4 tortillas de trigo
gajos de lima

Guisado de cerdo picante con verduras

 Preparación: 10 minutos
Cocción: 2 horas
Para: 4 personas

6 tomates maduros

450 g de carne de cerdo
deshuesada , cortada en dados
de 2,5 cm

harina bien sazonada con sal
y pimienta para rebozar

1 cucharada de aceite vegetal

225 g de chorizo sin la piel y
cortado en trozos del tamaño
de un bocado

1 cebolla picada gruesa

4 dientes de ajo picados
muy finos

2 ramas de apio picadas

1 rama de canela troceada

2 hojas de laurel

2 cucharaditas de pimienta
de Jamaica

2 zanahorias cortadas en rodajas

2-3 chiles rojos frescos, como los
tailandeses, sin semillas y
picados muy finos

1 litro de caldo de carne de cerdo
o vegetal

2 boniatos troceados

1 mazorca de maíz desgranada

1 cucharada de orégano picado

sal y pimienta

ramitas de orégano para decorar

arroz recién cocido para servir

Es un estofado de las tierras meridionales, repleto de sabores cálidos y soleados. El orégano mexicano es bastante diferente al mediterráneo, pero puede utilizarlo como sustituto.

1 Ponga los tomates en un cuenco refractario y cúbralos con agua hirviendo. Déjelos reposar 1 o 2 minutos, retírelos con una espumadera, refrésquelos con agua fría y quíteles la piel. Córtelos en dados y póngalos en un cuenco no metálico.

2 Reboce la carne con la harina sazonada. Caliente el aceite en una cacerola grande de base gruesa o una cazuela de barro refractaria y dore el chorizo. Retírelo con una espumadera y resérvelo.

3 Vaya friendo la carne de cerdo en tandas, hasta que esté bien dorada. Retírela con una espumadera y resérvela. Añada la cebolla, el ajo y el apio y déjelos 5 minutos, hasta que se ablanden.

4 Incorpore la canela, las hojas de laurel y la pimienta de Jamaica, y remueva durante 2 minutos. Añada la carne de cerdo, la zanahoria, el chile, el tomate y el caldo. Llévelo a ebullición, baje la temperatura y déjelo a fuego lento 1 hora o hasta que la carne esté bien tierna.

5 Vuelva a poner el chorizo en la cacerola con el boniato, el maíz, el orégano y sal y pimienta al gusto. Tape la cacerola y déjelo 30 minutos más al fuego, hasta que las verduras estén tiernas. Decore el guisado con el orégano y sírvalo con arroz blanco.

Carnitas

 Preparación: 15 minutos, más
30 minutos de enfriamiento

Cocción: 2½ horas

Para: 4-6 personas

1 kg de carne magra de cerdo,
  por ejemplo falda
1 cebolla picada
1 cabeza de ajos entera
  y partida por la mitad
½ cucharadita de comino
molido
2 cubitos de caldo de carne
2 hojas de laurel
sal y pimienta
tiras de chile para decorar

PARA SERVIR
arroz recién cocido
frijoles refritos
salsa mexicana de su elección

En este plato clásico mexicano la carne de cerdo primero se cuece a fuego lento para que esté bien tierna y después se dora hasta que está muy crujiente.

1 Ponga la carne en una cacerola de base gruesa con la cebolla, el ajo, el comino, los cubitos de caldo y las hojas de laurel. Cúbralo con agua, llévelo a ebullición y después baje el fuego al mínimo. Retire la espuma que suba a la superficie.

2 Deje cocer la carne 2 horas o hasta que esté bien tierna. Retire la cacerola del fuego y deje que la carne se enfríe en el líquido de cocción.

3 Retire la carne con una espumadera y recorte el exceso de grasa que tenga. Córtela en trozos del tamaño de un bocado y salpimiéntelos al gusto. Reserve 300 ml del líquido de cocción.

4 Dore la carne en una sartén de base gruesa durante 15 minutos, para cocer la grasa. Agregue el líquido de cocción y espere a que se reduzca. Siga cociendo la carne 15 minutos más. Tape la sartén para evitar salpicaduras. Dele la vuelta a la carne de vez en cuando.

5 Ponga la carne en una fuente de servir, adórnela con tiras de chile y sírvala con arroz, frijoles refritos y salsa mexicana.

Alitas de pollo crujientes al tequila

El tequila ablanda estas sabrosas alitas de pollo y les da un sabor único. Sírvalas como parte de una barbacoa, acompañadas con tortillas de maíz, frijoles refritos, salsa mexicana y cerveza fría.

 Preparación: 10 minutos, más 3 horas de maceración
Cocción: 15-20 minutos
Para: 4 personas

1 Corte las alitas de pollo en 2 partes por la articulación.

2 Póngalas en una fuente no metálica y añada el resto de los ingredientes. Deles la vuelta para que queden bien recubiertas con el adobo y déjelas macerar en el frigorífico un mínimo de 3 horas o toda la noche.

3 Precaliente la barbacoa. Ase las alitas de pollo de 15 a 20 minutos o hasta que estén doradas y crujientes y el jugo salga claro al insertar un pincho de cocina en su parte más gruesa. Deles la vuelta de vez en cuando. También puede prepararlas a la parrilla. Sírvalas enseguida con las mitades de tomate a la barbacoa o al grill, si lo desea.

900 g de alitas de pollo
11 dientes de ajo picados muy finos
el zumo de 2 limas
el zumo de 1 naranja
2 cucharadas de tequila
1 cucharada de chile suave, de variedad ancho o Nuevo México
2 cucharaditas de salsa chipotle
2 cucharadas de aceite vegetal
1 cucharadita de azúcar
¼ de cucharadita de pimienta de Jamaica molida
1 pizca de canela molida
1 pizca de comino molido
1 pizca de orégano seco
mitades de tomate a la barbacoa o asadas bajo el grill, para servir (opcional)

Fajitas de pollo

 Preparación: 15 minutos,
más 2-3 horas de maceración

Cocción: 12-15 minutos

Para: 4 personas

ADOBO

3 cucharadas de aceite de oliva

3 cucharadas de sirope de arce
o miel

1 cucharada de vinagre de vino
tinto

2 dientes de ajo majados

2 cucharaditas de orégano seco

1-2 cucharaditas de copos
de pimiento rojo seco

sal y pimienta

4 pechugas de pollo
deshuesadas y sin piel

2 pimientos rojos sin semillas,
cortados en tiras de 2,5 cm

8 tortillas de trigo calientes

El secreto del éxito de las fajitas está en macerar la carne antes de cocinarla con rapidez. Para ello, necesitará un poco de tiempo, pero muy poco esfuerzo, y el resultado merece la pena.

1 Para preparar el adobo, ponga en una fuente o cuenco llano el aceite, el sirope de arce, el vinagre, el ajo, el orégano, los copos de pimiento rojo y sal y pimienta al gusto, y mézclelo todo bien.

2 Corte las pechugas contra la veta en lonchas de 2,5 cm de grosor. Recúbralas bien con el adobo y déjelas macerar en el frigorífico de 2 a 3 horas. Deles la vuelta de vez en cuando.

3 Caliente una parrilla y retire las lonchas de pechuga del adobo con una espumadera. Áselas en la parrilla a fuego medio de 3 a 4 minutos por cada lado, o bien hasta que estén al punto. Póngalas en una fuente de servir y manténgalas calientes.

4 Ponga el pimiento en la parrilla, con el lado de la piel hacia abajo, y áselo 2 minutos por cada lado. A continuación, páselo a la fuente.

5 Sírvalo enseguida con las tortillas calientes para hacer las fajitas y envuelva con ellas el relleno.

Pollo con mole poblano

Preparación: 20 minutos

Cocción: 1 hora 20 minutos

Para: 4 personas

3 tomates

3 cucharadas de aceite de oliva

4 trozos de pollo, de unos 175 g cada uno, cortados por la mitad

1 cebolla picada

2 dientes de ajo picados muy finos

1 chile rojo seco, de sabor picante como el chipotle, picado muy fino

1 cucharada de semillas de sésamo tostadas y un poco más para decorar

1 cucharada de almendra picada

¼ de cucharadita de cada de canela, comino y clavo molido

2 cucharadas de pasas

375 ml de caldo de pollo

1 cucharada de mantequilla de cacahuete

25 g de chocolate negro con elevado porcentaje de sólido de cacao, y un poco más para decorar

sal y pimienta

Esta receta lleva el famoso mole poblano, conocido por su sorprendente combinación de chile y chocolate. El resultado es fantástico y la salsa queda espesa, suave y suculenta.

1 Ponga los tomates en un cuenco refractario y cúbralos con agua hirviendo. Déjelos reposar 1 o 2 minutos, retírelos con una espumadera, refrésquelos con agua fría y quíteles la piel. Píquelos y déjelos en un cuenco no metálico.

2 Caliente 2 cucharadas de aceite en una sartén grande y dore los trozos de pollo por todos los lados. Retírelos de la sartén con una espumadera y resérvelos.

3 Incorpore la cebolla, el ajo y el chile y déjelos 5 minutos o hasta que se ablanden. Añada las semillas de sésamo, la almendra y las especias y remueva durante 2 minutos. Agregue el tomate, las pasas, el caldo, la mantequilla de cacahuete y el chocolate y remueva bien. Salpimiente al gusto y déjelo a fuego lento otros 5 minutos.

4 Pase la mezcla a una batidora o robot de cocina y bátala hasta que esté suave (puede hacerlo en tandas).

5 Vuelva a poner la mezcla en la sartén, añada el pollo y llévelo a ebullición. Baje la temperatura, tape la sartén y déjelo a fuego lento 1 hora, hasta que el pollo esté muy tierno. Añada más líquido si fuera necesario.

6 Sirva el plato decorado con semillas de sésamo y un poquito de chocolate rallado.

Tacos de pollo al estilo de Puebla

Estos tacos van rellenos con pollo sazonado y unos cremosos frijoles refritos, aguacate, chipotle ahumado y crema agria. ¡Todo un festín de sabores!

 Preparación: 10 minutos
Cocción: 15 minutos
Para: 4 personas

1 Para calentar las tortillas ponga al fuego una sartén antiadherente, sin aceite, y deposite encima una tortilla, que deberá rociar con unas gotas de agua. Para mantenerla caliente, envuélvala en papel de aluminio o un paño de cocina limpio. Haga lo mismo con el resto de las tortillas.

2 Corte el aguacate por la mitad, a lo largo, y gire las dos mitades en direcciones opuestas para separarlas. Pinche el hueso con la punta de un cuchillo y retírelo. Pele el aguacate con cuidado, córtelo en rodajas y páselo por el zumo de lima para evitar que ennegrezca.

3 Ponga el aceite en una sartén y caliente bien la carne de pollo. Salpimiéntela al gusto.

4 Entre tanto ponga los frijoles refritos en un cazo con unas 2 cucharadas de agua y caliéntelos a fuego suave. A continuación, mézclelos con el comino y el orégano.

5 Extienda unos cuantos frijoles refritos sobre una tortilla, ponga encima 1 cucharada de pollo, una rodaja o dos de aguacate, un poco de salsa, chipotle al gusto, una cucharadita de crema agria y un poquito de cebolla, lechuga y rábano. Salpimiente al gusto y enrolle los tacos lo más apretados que pueda. Haga lo mismo con el resto de las tortillas e ingredientes y sírvalo todo enseguida.

8 tortillas de maíz blandas
1 aguacate
zumo de lima o de limón para el aguacate
2 cucharaditas de aceite vegetal
225-350 g de sobras de carne de pollo cortada en dados o tiras
1 porción de frijoles refritos (o 225 g de frijoles de lata)
¼ de cucharadita de comino molido
¼ de cucharadita de orégano seco
salsa mexicana de su elección
1 chile chipotle envasado en adobo y picado, o salsa de chipotle envasada
180 ml de crema agria
½ cebolla picada
1 puñado de hojas de lechuga tipo romana o iceberg
5 rábanos cortados en dados
sal y pimienta

Flautas de tortilla con pollo y guacamole

 Preparación: 15 minutos

Cocción: 15 minutos

Para: 4 personas

8 tortillas de maíz blandas

350 g de carne de pollo cocida
   y cortada en dados

1 cucharadita de chile molido
   de sabor suave, de variedad
   ancho o Nuevo México

1 cebolla picada

2 cucharadas de cilantro picado
   muy fino

1-2 cucharadas de crema agria

aceite vegetal

sal

PARA SERVIR

1 porción de guacamole

salsa mexicana de su elección

En México estas tortillas enrolladas y fritas se llaman flautas por su forma alargada.

1 Para calentar las tortillas ponga al fuego una sartén antiadherente, sin aceite, y deposite encima una tortilla, que deberá rociar con unas gotas de agua. Para mantenerla caliente, envuélvala en papel de aluminio o un paño de cocina limpio. Haga lo mismo con el resto de las tortillas.

2 Ponga los dados de pollo en un cuenco con el chile molido, la mitad de la cebolla picada y el cilantro y sálelo. Agregue crema agria suficiente para ligar la mezcla.

3 Disponga 2 tortillas solapadas sobre el mostrador de la cocina y extienda un poco de relleno por la parte central. Enróllelas bien apretadas y ciérrelas con un palillo o dos. Haga lo mismo con el resto de las tortillas y el relleno.

4 Caliente el aceite suficiente en una sartén honda y fría los rollitos hasta que estén dorados y crujientes. Retírelos con cuidado y déjelos escurrir sobre papel absorbente.

5 Sirva las flautas con el guacamole, la salsa y el resto de la cebolla y cilantro.

Pollo con vinagreta yucateca

Preparación: 15 minutos, más 30 de reposo

Cocción: 35-45 minutos

Para: 4-6 personas

8 muslos de pollo pequeños
y deshuesados

caldo de pollo

15-20 dientes de ajo sin pelar

1 cucharadita de pimienta negra
molida gruesa

½ cucharadita de clavo molido

2 cucharaditas de orégano seco
triturado o ½ cucharadita de
hojas de laurel machacadas

½ cucharadita de sal, más o
menos

1 cucharada de zumo de lima

1 cucharadita de semillas de
comino ligeramente tostadas

1 cucharada de harina y un poco
más para espolvorear

125 ml de aceite vegetal

3-4 cebollas cortadas en
rodajitas

2 chiles frescos, si puede ser,
amarillos y de sabor suave,
como el mexicano güero, el
turco o el griego, sin semillas
y cortados en rodajitas

130 ml de vinagre de sidra
o de jerez

PARA SERVIR

ensalada mixta

gajos de lima

Este plato, una especialidad de la ciudad de Valladolid, en la península del Yucatán, contiene una pasta de ajo asado y especias de sabor muy evocador.

1 Ponga el pollo en una cacerola y cúbralo con suficiente caldo. Llévelo a ebullición, reduzca la temperatura y déjelo a fuego lento 5 minutos. Retire la cacerola del fuego y deje que el pollo se siga cociendo mientras el caldo se enfría.

2 Entre tanto, ase los dientes de ajo en una sartén sin aceite hasta que estén dorados por fuera y tiernos por dentro. Retírelos de la sartén y una vez se hayan enfriado lo suficiente, apriételos para sacarlos de la piel y póngalos en un cuenco.

3 Maje el ajo en un mortero junto con la pimienta, el clavo, el orégano, la sal, el zumo de lima y ¾ de las semillas de comino. Mézclelo con la harina. Retire el pollo del caldo, reserve éste, y seque el pollo con papel absorbente. Úntelo con ⅔ partes de la pasta de especias. Cúbralo y déjelo reposar a temperatura ambiente 30 minutos. Si lo prefiere, también puede mantenerlo toda la noche en el frigorífico.

4 Caliente un poco de aceite en una sartén y sofría la cebolla y el chile hasta que estén dorados y se hayan ablandado. Agregue el vinagre y el resto de las semillas de comino. Déjelo todo unos minutos y a continuación añada el caldo reservado y el resto de la pasta de especias. Llévelo a ebullición y remueva durante 10 minutos o hasta que se haya reducido.

5 Espolvoree el pollo con harina. Caliente el resto del aceite en una sartén y fría el pollo hasta que esté dorado y el jugo salga claro al insertar un pincho de cocina en la parte más gruesa. Sírvalo con la salsa por encima y acompañado de una ensalada mixta y unos gajos de lima para rociarlo con su jugo.

Tostadas de pollo con salsa verde y chipotles

El pollo queda perfecto con las crujientes tostadas y no requiere una preparación especial: puede utilizar cualquier sobrante. Si lo hace, sáltese los pasos 2 y 3 de la receta.

 Preparación: 20 minutos
Cocción: 15 minutos
Para: 4-6 personas

1 Para hacer las tostadas, fría las tortillas con poquito aceite en una sartén antiadherente hasta que estén crujientes. Resérvelas.

2 Ponga el pollo en una cacerola con el caldo y el ajo. Llévelo a ebullición, reduzca la temperatura y déjelo 1 o 2 minutos, hasta que la carne empiece a volverse opaca.

3 Retire la cacerola del fuego y deje reposar el pollo en el caldo, para que acabe de cocerse.

4 Caliente los frijoles en un cazo con el agua suficiente para obtener un puré suave. Añada el comino y manténgalos calientes.

5 Entre tanto corte el aguacate por la mitad, a lo largo, y gire las dos mitades en direcciones opuestas para separarlas. Pinche el hueso con la punta de un cuchillo y retírelo. Pele el aguacate con cuidado, córtelo en dados o rodajitas y páselo por el zumo de lima para evitar que ennegrezca.

6 Si fuera necesario, recaliente las tostadas bajo el grill precalentado. Extienda los frijoles refritos sobre éstas y espolvoree con el queso rallado. Retire el pollo del caldo y repártalo entre las tostadas. Remate con el cilantro picado, el tomate, la lechuga, el rábano, la cebolleta, el aguacate, la crema agria y unas tiras de chipotle. Sírvalas enseguida.

6 tortillas de maíz blandas
aceite vegetal
450 g de pechugas o muslos de pollo, deshuesados y sin piel, cortados en tiras o en trocitos pequeños
250 ml de caldo de pollo
2 dientes de ajo picados muy finos
2 porciones de frijoles refritos (o 400 g de frijoles de lata)
1 buen pellizco de comino molido
1 aguacate maduro
zumo de lima o de limón para el aguacate
230 g de queso rallado
1 cucharada de cilantro fresco picado
2 tomates maduros y cortados en dados
1 puñado de hojas de lechuga, tipo romana o iceberg, cortadas en tiras
4-6 rábanos cortados en dados
3 cebolletas cortadas en rodajitas
crema agria al gusto
1-2 chiles chipotle conservados en adobo, escurridos y cortados en tiras finas

Pavo con mole

 Preparación: 15 minutos

Cocción: 1 hora 10 minutos-
1 hora 40 minutos

Para: 4 personas

4 porciones de pavo, cada una
   cortada en 4 trozos
unos 500 ml de caldo de pollo
   y un poco más para aclarar
   la salsa
unos 250 ml de agua
1 cebolla picada
1 cabeza de ajos entera y con
   los gajos separados y pelados
1 rama de apio picada
1 hoja de laurel
1 manojo de cilantro picado
   muy fino
450 ml de mole poblano casero,
   o envasado y aclarado con
   caldo según las instrucciones
   del envase
4-5 cucharadas de semillas
   de sésamo para decorar

Puede comprar un frasco de mole en tiendas especializadas; le resultará muy práctico si no tiene mole casero en el frigorífico o en el congelador.

1 Precaliente el horno a 190 °C. Ponga el pavo en una cazuela de barro refractaria. Vierta el caldo y el agua alrededor del pavo y después añada la cebolla, el ajo, el apio, la hoja de laurel y la mitad del cilantro.

2 Cubra la cazuela y déjela en el horno precalentado entre 1 hora y 1½ horas, hasta que la carne esté bien tierna. Agregue más líquido si fuera necesario.

3 Caliente el mole poblano en un cazo con el caldo suficiente como para que adquiera la consistencia de la nata líquida.

4 Para tostar las semillas de sésamo, póngalas en una sartén sin aceite y áselas. Agite la sartén hasta que las semillas cojan un poco de color.

5 Disponga los trozos de pavo en una fuente de servir y ponga cucharadas de mole por encima. Espolvoree con las semillas de sésamo y el resto del cilantro y sírvalo.

Guisado de marisco

 Preparación: 20 minutos, más
10 minutos de enfriamiento

Cocción: 50 minutos

Para: 4 personas

1 pimiento amarillo, otro rojo
  y otro naranja, sin semillas
  y cortados en cuartos
450 g de tomates maduros
2 chiles verdes grandes y
  frescos, de sabor suave, como
  el poblano
6 dientes de ajo pelados
2 cucharaditas de orégano seco
  o de hierbas secas variadas
2 cucharadas de aceite de oliva
  y un poco más para rociar
1 cebolla grande picada muy fina
500 ml de caldo de pescado,
  vegetal o de pollo
la ralladura fina y el zumo
  de una lima
2 cucharadas de cilantro picado
  y un poco más para decorar
1 hoja de laurel
450 g de filetes de pargo rojo,
  sin piel y cortados en trozos
225 g de gambas crudas y
  peladas, sin el hilo intestinal
225 g de calamar limpio cortado
  en aros
sal y pimienta

Este guisado de marisco es más sabroso si se asan los pimientos, los tomates, los chiles y el ajo. Puede utilizar cualquier tipo de pescado o de carne firme o bien una mezcla de su elección.

1 Precaliente el horno a 200 °C. Ponga los cuartos de pimiento, con el lado de la piel hacia arriba, en una fuente con los tomates, los chiles y el ajo. Espolvoréelos con el orégano seco y rocíelos con aceite.

2 Ponga la fuente en el horno precalentado y áselo todo durante 30 minutos o bien hasta que las verduras estén bien doradas y se hayan ablandado.

3 Retire las verduras asadas del horno y déjelas enfriar. Quite la piel de los pimientos, los tomates y los chiles y pique la carne. Mézclela con el ajo.

4 Caliente el aceite en una cacerola grande y sofría la cebolla durante 5 minutos o hasta que se haya ablandado. Incorpore el pimiento, el tomate, el chile, el ajo, el caldo, la ralladura y el zumo de lima, el cilantro picado, la hoja de laurel y salpimiente al gusto. Llévelo todo a ebullición y añada el pescado y el marisco. Reduzca la temperatura, tape la cacerola y déjelo a fuego suave 10 minutos o hasta que el pescado y el marisco estén cocidos. Adorne el plato con cilantro picado antes de servirlo.

Vieiras fritas a la mexicana

Las vieiras quedan deliciosas preparadas con los sabores cítricos de México. Suelen presentarlas de esta manera tan sencilla y servirlas con gajos de lima para que cada comensal las rocíe a su gusto. También acostumbran a acompañarlas con tortillas.

 Preparación: 5 minutos
Cocción: 10 minutos
Para: 4-6 personas

1 Caliente la mitad de la mantequilla y el aceite en una sartén grande de base gruesa, hasta que espumee.

2 Fría rápido las vieiras hasta que se vuelvan opacas; no las deje demasiado tiempo. Retírelas de la sartén con una espumadera y manténgalas calientes.

3 Añada el resto de la mantequilla y de aceite a la sartén, y sofría la cebolleta y el ajo a fuego medio hasta que se hayan ablandado. Vuelva a poner las vieiras en la sartén.

4 Retire la sartén del fuego y añada el chile y el cilantro picado. Rocíelo con el zumo de lima. Salpimiente al gusto y remueva bien.

5 Sirva las vieiras enseguida, con gajos de lima para rociarlas con el zumo.

2 cucharadas de mantequilla
2 cucharadas de aceite de oliva virgen
650 g de vieiras sin la concha
4-5 cebolletas cortadas en rodajitas
3-4 dientes de ajo picados muy finos
½ chile verde, tipo Anaheim o poblano, sin semillas y picado muy fino
2 cucharadas de cilantro picado muy fino
el zumo de ½ lima
sal y pimienta
gajos de lima, para servir

Gambas con salsa de judías verdes

 Preparación: 10 minutos

Cocción: 15-20 minutos

Para: 4 personas

2 cucharadas de aceite vegetal

3 cebollas picadas

5 dientes de ajo picados

5-7 tomates maduros y cortados
en dados

175-225 g de judías verdes,
cortadas en trozos de 2,5 cm
y escaldadas 1 minuto

¼ de cucharadita de comino
molido

1 pizca de pimienta de Jamaica

1 pizca de canela molida

½–1 chile chipotle envasado
en adobo y con un poco del
líquido

500 ml de caldo de pescado,
o bien agua con 1 cubito
de caldo de pescado

450 g de gambas crudas y
peladas, sin el hilo intestinal

cilantro picado para decorar

1 lima cortada en gajos para
servir (opcional)

La carne de la gamba, con su toque de agua de mar, combina de maravilla con el aroma humado del chile chipotle.

1 Caliente el aceite en una sartén grande y honda y sofría la cebolla y el ajo a fuego suave de 5 a 10 minutos, hasta que se ablanden. Incorpore el tomate y déjelo 2 minutos más.

2 Añada las judías verdes, el comino, la pimienta de Jamaica, el chile con su adobo y el caldo. Llévelo todo a ebullición, reduzca la temperatura y déjelo a fuego suave unos minutos para que los sabores se mezclen.

3 Incorpore las gambas y déjelas sólo de 1 a 2 minutos. Retire la sartén del fuego mientras las gambas acaban de cocerse en el líquido caliente. Estarán en su punto cuando adquieran un color rosado vivo.

4 Sírvalas enseguida, adornadas con el cilantro picado y con unos gajos de lima, si los utiliza.

Tacos picantes de gambas

Preparación: 20 minutos

Cocción: 35 minutos

Para: 4 personas

600 g de gambas crudas,
  peladas y sin el hilo intestinal

2 cucharadas de perejil picado

12 envoltorios para tacos

1 cebolleta picada para decorar

SALSA PARA TACOS

450 g de tomates maduros

1 cucharada de aceite de oliva

1 cebolla picada muy fina

1 pimiento verde sin semillas,
  cortado en dados

1-2 chiles verdes y, de sabor
  fuerte, como el jalapeño, sin
  semillas y picados muy finos

3 dientes de ajo majados

1 cucharadita de comino molido

1 cucharadita de cilantro molido

1 cucharadita de azúcar moreno

el zumo de ½ limón

sal y pimienta

PARA SERVIR

crema agria

salsa mexicana de su elección

Ésta es una sana y sofisticada versión de un plato excelente, ideal para una cena informal con invitados. Para un día normal, utilice gambas cocidas. Es suficiente calentarlas en la salsa mexicana de su elección.

1 Ponga los tomates en un cuenco refractario y cúbralos con agua hirviendo. Déjelos reposar 1 o 2 minutos, retírelos con una espumadera, refrésquelos con agua fría y quíteles la piel. Córtelos en dados.

2 Para hacer la salsa, caliente el aceite en una sartén honda a fuego medio y sofría la cebolla 5 minutos, o hasta que se ablande. Incorpore el pimiento y el chile y déjelos 5 minutos. Añada el ajo, el comino, el cilantro y el azúcar y deje cocer la salsa otros 2 minutos. Remueva de vez en cuando. Incorpore el tomate y el zumo de limón y salpimiente. Llévelo a ebullición, baje la temperatura y déjelo a fuego suave 10 minutos.

3 Precaliente el horno a 180 °C. Incorpore las gambas y el perejil a la salsa, cúbrala y déjela a fuego suave de 5 a 8 minutos, hasta que las gambas estén rosadas y tiernas.

4 Entre tanto, ponga los envoltorios para tacos, con el lado abierto hacia arriba, sobre una bandeja de hornear y caliéntelos en el horno de 2 a 3 minutos.

5 Rellene los tacos con la mezcla de gambas, remátelos con 1 cucharada de crema agria y adórnelos con la cebolleta picada. Sírvalos acompañados de alguna salsa mexicana.

Tacos de pescado al estilo de Ensenada

Estos tacos con trozos de pescado frito y ensalada de col roja se sirven en las fondas y las cantinas de la ciudad costera de Ensenada, en Baja California.

 Preparación: 15 minutos
Cocción: 25 minutos
Para: 4 personas

1 Ponga el pescado en una bandeja y espolvoréelo con la mitad del orégano, el comino, el chile molido y el ajo y salpimiéntelo al gusto. Espolvoréelo con la harina.

2 En un cuenco no metálico mezcle la col con el resto del orégano, el comino, el chile molido y el ajo. Después añada el zumo de lima, y sal y salsa picante al gusto. Resérvelo.

3 Caliente el aceite en una sartén hasta que humee y fría el pescado en tandas, hasta que esté dorado por fuera y tierno por dentro. Retírelo de la sartén y déjelo escurrir sobre papel absorbente.

4 Para calentar las tortillas ponga al fuego una sartén antiadherente, sin aceite, y deposite encima una tortilla, que deberá rociar con unas gotas de agua. Para mantenerla caliente, envuélvala en papel de aluminio o un paño de cocina limpio. Haga lo mismo con el resto de las tortillas.

5 Deposite un poco de pescado frito sobre cada tortilla, con una cucharada colmada de ensalada de col caliente. Espolvoree con el cilantro picado y la cebolla, si la utiliza. Añada un poco de salsa y sirva los tacos enseguida.

450 g de pescado blanco de carne firme, como pargo rojo o bacalao fresco
¼ de cucharadita de orégano seco
¼ de cucharadita de comino molido
1 cucharadita de chile molido de sabor suave, como ancho o Nuevo México
2 dientes de ajo picados muy finos
3 cucharadas de harina
¼ de col roja cortada en rodajitas o tiras finas
el zumo de 2 limas
salsa de chile picante o alguna otra salsa mexicana al gusto
aceite vegetal
8 tortillas de maíz
1 cucharada de cilantro picado
½ cebolla picada (opcional)
sal y pimienta
salsa mexicana de su elección para servir

Pez espada con sabores del Yucatán

 Preparación: 30 minutos,
más 3 horas de maceración

Cocción: 15 minutos

Para: 8 personas

4 cucharadas de semillas de
achiote, que hayan pasado
la noche anterior en remojo

3 dientes de ajo picados muy
finos

1 cucharada de chile molido
de sabor suave, como ancho
o Nuevo México

1 cucharada de pimentón

1 cucharadita de comino molido

½ cucharadita de orégano seco

2 cucharadas de cerveza o
tequila

el zumo de una lima y de una
naranja, o bien 3 cucharadas
de zumo de piña

2 cucharadas de aceite de oliva

2 cucharadas de cilantro picado

¼ de cucharadita de canela
molida

¼ de cucharadita de clavo
molido

1 kg de rodajas de pez espada

hojas de banano para envolver
(opcional)

ramitas de cilantro para decorar

gajos de naranja para servir

Las semillas de achiote son pequeñas, de color rojo y muy duras. Es preciso dejarlas en remojo toda la noche antes de molerlas. Tienen un característico sabor a limón y aportan un color naranja oscuro al plato.

1 Escurra las semillas de achiote y májelas en el mortero hasta que obtenga una pasta. Incorpore el ajo, el chile molido, el pimentón, el comino, el orégano, la cerveza, el zumo de fruta, el aceite, el cilantro picado, la canela y el clavo.

2 Unte el pescado con la pasta, cúbralo y déjelo macerar en el frigorífico un mínimo de 3 horas o bien toda la noche.

3 Envuelva las rodajas de pescado en las hojas de banano. Para ello, átelas con cordel de cocina. Lleve el agua suficiente a ebullición en una vaporera y cueza unos cuantos paquetitos de pescado al vapor 15 minutos o hasta que el pescado esté cocido. Manténgalos calientes mientras cuece el resto.

4 También puede cocer el pescado sin las hojas de banano. Para hacerlo en la barbacoa, póngalo en una cestita metálica o sobre una parrilla y áselo de 5 a 6 minutos por cada lado, o hasta que esté al punto. Si lo prefiere, áselo bajo el grill caliente 5 o 6 minutos por cada lado o hasta que esté al punto.

5 Decórelo con ramitas de cilantro y sírvalo con gajos de naranja para rociar el pescado con el zumo, a gusto del comensal.

Filetes de pescado con salsa de papaya

 Preparación: 15 minutos
Cocción: 20-25 minutos
Para: 4 personas

4 filetes de pescado blanco,
  como róbalo, lenguado o
  bacalao fresco, de unos 175 g
  cada uno, sin piel
aceite de oliva para rociar
el zumo de una lima
2 cucharadas de cilantro picado
sal y pimienta
gajos de lima para decorar

SALSA DE PAPAYA
1 papaya madura grande
1 cucharada de zumo de
  naranja recién exprimido
1 cucharada de zumo de lima
  recién exprimido
1 cucharada de aceite de oliva
1-2 cucharaditas de salsa
  Tabasco

Éste es uno de los platos más ligeros de la cocina mexicana: filetes de pescado blanco con un simple aderezo y asados al horno, acompañados con una salsa afrutada y un toque de salsa picante.

1 Precaliente el horno a 180 ºC. Ponga el pescado en una fuente de hornear llana. Rocíelo con el aceite y el zumo de lima. Espolvoree el cilantro sobre el pescado y salpimiéntelo al gusto.

2 Cubra bien la fuente con papel de aluminio y hornee el pescado de 15 a 20 minutos, o hasta que se desmenuce fácilmente.

3 Entre tanto, para preparar la salsa, corte la papaya por la mitad y retire las semillas. Pele las dos mitades y pique la carne. Póngala en una batidora o robot de cocina y añada el zumo de naranja y de lima, el aceite y salsa Tabasco al gusto. Bátalo hasta que esté suave.

4 Pase la salsa a un cazo y caliéntela a fuego suave de 3 a 4 minutos. Salpimiéntela al gusto.

5 Sirva los filetes de pescado en su jugo, con cucharadas de salsa por encima y decorado con gajos de lima.

Burritos de pescado

Puede utilizar el pescado que quiera para este sabroso tentempié mexicano. Los tacos se comen con la mano, igual que un bocadillo.

 Preparación: 15 minutos, más 30 minutos de enfriamiento
Cocción: 10 minutos
Para: 4-6 personas

1 Salpimiente el pescado al gusto y póngalo en una cacerola con el comino, el orégano, el ajo y el caldo suficiente para cubrirlo.

2 Llévelo a ebullición y déjelo 1 minuto. Retire la cacerola del fuego y deje enfriar el pescado en el líquido de cocción durante 30 minutos.

3 Retire el pescado del líquido con una espumadera y desmenúcelo en trozos del tamaño de un bocado. Póngalos en un cuenco no metálico, rocíelos con el zumo de limón y resérvelos.

4 Caliente las tortillas en una sartén antiadherente, sin aceite. Mientras, rocíelas con unas gotas de agua. Envuélvalas en papel de aluminio o un paño de cocina limpio para mantenerlas calientes y prepare el resto.

5 Ponga en el centro de una tortilla unas tiras de lechuga y unos trozos de pescado, y coloque los tomates por encima. Añada un poco de salsa cruda. Haga lo mismo con las demás tortillas y sírvalas enseguida decoradas con rodajas de limón.

unos 450 g de pescado blanco de carne firme, como pargo rojo o bacalao fresco
¼ de cucharadita de comino molido
1 pizca de orégano seco
4 dientes de ajo picados muy finos
125 ml de caldo de pescado, o agua con 1 cubito de caldo de pescado
el zumo de ½ limón o lima
8 tortillas de trigo
2-3 hojas de lechuga romana, cortadas en tiras
2 tomates maduros cortados en dados
1 porción de salsa cruda (véase pág. 165)
sal y pimienta
rodajas de limón, para decorar

Salmón picante a la brasa

 Preparación: 15 minutos, más 1 hora de maceración

Cocción: 8 minutos

Para: 4 personas

4 rodajas de salmón de unos
  225 g cada una
rodajas de lima para decorar

ADOBO
4 dientes de ajo picados muy
  finos
2 cucharadas de aceite de oliva
  virgen extra
1 pizca de pimienta de Jamaica
  molida
1 pizca de canela molida
el zumo de 2 limas
1-2 cucharaditas de adobo del
  chile chipotle envasado, o
  salsa de chipotle envasada
¼ de cucharadita de comino
  molido
1 pizca de azúcar
sal y pimienta al gusto

PARA SERVIR
gajos de tomate
3 cebolletas picadas muy finas
lechuga, tipo romana o iceberg,
  cortada en tiras finas

Las rodajas de salmón están deliciosas untadas con los sabores ahumados y a madera del adobo del chile chipotle.

1 Para hacer el adobo, ponga todos los ingredientes en un bol no metálico y remueva.

2 Unte bien el salmón con el adobo y páselo a una fuente grande no metálica. Cúbrala con film transparente y deje macerar el pescado en el frigorífico 1 hora.

3 Precaliente el grill a temperatura media. Ponga el salmón en la parrilla y áselo bajo el grill de 3 a 4 minutos por cada lado o bien hasta que esté al punto. También puede asarlo sobre la barbacoa.

4 Para servirlo mezcle los gajos de tomate con la cebolleta. Ponga el salmón en 4 platos y acompáñelo con la ensalada de tomate y unas tiras de lechuga. Decórelo con rodajas de lima y sírvalo enseguida.

Chimichangas de espinacas y champiñones

 Preparación: 20 minutos

Cocción: 35 minutos

Para: 4 personas

2 cucharadas de aceite de oliva

1 cebolla grande picada muy fina

225 g de champiñones pequeños cortados en láminas finas

2 chiles verdes frescos de sabor suave sin semillas, picados muy finos

2 dientes de ajo picados muy finos

600 g de hojas de espinacas, troceadas si son muy grandes

175 g de queso cheddar rallado

8 tortillas de trigo

aceite vegetal para freír

Estas empanadillas fritas y crujientes gustan a todo el mundo y son rápidas de hacer. Si desea otro tipo de relleno pruebe el chile con carne rematado con cebolla picada y queso rallado.

1 Caliente el aceite en una sartén grande de base gruesa y sofría la cebolla a fuego medio 5 minutos, hasta que se ablande.

2 Incorpore los champiñones, el chile y el ajo y déjelos 5 minutos o hasta que los champiñones estén un poco dorados. Añada las espinacas y remueva durante 1 o 2 minutos o hasta que ablanden. Incorpore el queso y remueva hasta que esté fundido.

3 Entre tanto, para calentar las tortillas, ponga al fuego una sartén antiadherente, sin aceite, y deposite encima una tortilla, que deberá rociar con unas gotas de agua. Para mantenerla caliente, envuélvala en papel de aluminio o un paño de cocina limpio. Haga lo mismo con el resto de las tortillas

4 Ponga una cantidad igual de mezcla en el centro de cada tortilla, dóblela por 2 lados opuestos para encerrar el relleno y acabe de enrollarla del todo.

5 Caliente el aceite en una freidora o sartén grande y honda a 190 °C o hasta que un dado de pan se dore en 30 segundos. Fría las chimichangas de dos en dos y durante 5 o 6 minutos, o bien hasta que estén doradas y crujientes, dándoles la vuelta una sola vez. Escúrralas sobre papel absorbente antes de servirlas.

Tostadas vegetarianas

Ponga unas hortalizas picantes sobre una tostada crujiente ¡y obtendrá un fabuloso festín vegetariano!

 Preparación: 10 minutos
Cocción: 20 minutos
Para: 4 personas

1 Para hacer las tostadas fría las tortillas en muy poco aceite en una sartén antiadherente hasta que estén crujientes. Resérvelas

2 Caliente el resto del aceite en la sartén y sofría la patata y la zanahoria 10 minutos o hasta que se ablanden. Incorpore el ajo, el pimiento rojo, el chile molido, el pimentón y el comino. Déjelos 2 o 3 minutos, hasta que el pimiento esté tierno.

3 Añada el tomate, las judías verdes y el orégano. Déjelos de 8 a 10 minutos o hasta que todas las verduras estén tiernas y la mezcla tenga aspecto de salsa ligada. No tiene que quedar seca, así que agregue un poco de agua si fuera necesario.

4 Precaliente el grill a temperatura media. Caliente los frijoles en un cazo con muy poquita agua y manténgalos así. Recaliente las tostadas bajo el grill.

5 Extienda los frijoles sobre las tostadas templadas, espolvoree con el queso y remate con unas cucharadas de la mezcla de verduras caliente. Reparta por encima las tiras de lechuga y la cebolleta y sirva las tostadas enseguida.

4 tortillas de maíz blandas
3-4 cucharadas de aceite de oliva virgen o aceite vegetal
2 patatas cortadas en dados
1 zanahoria cortada en dados
3 dientes de ajo picados muy finos
1 pimiento rojo sin semillas, cortado en dados
1 cucharadita de chile molido de sabor suave, tipo ancho o Nuevo México
1 cucharadita de pimentón
½ cucharadita de comino molido
3-4 tomates maduros cortados en dados
120 g de judías verdes escaldadas, cortadas en trocitos
unos pellizcos generosos de orégano seco
450 g de frijoles negros cocidos y escurridos
225 g de queso feta (peso escurrido), desmenuzado
3-4 hojas de lechuga romana cortada en tiras finas
3-4 cebolletas cortadas en rodajitas

Enchiladas de queso con mole

Preparación: 15 minutos

Cocción: 25-30 minutos

Para: 4-6 personas

8 tortillas de maíz blandas

360 ml de mole poblano casero
o envasado

unos 225 g de queso rallado
tipo cheddar, mozzarella,
asiago o de Oaxaca; puede ser
de un solo tipo o una mezcla
de varios

250 ml de caldo de pollo
o vegetal

1 aguacate

5 cebolletas cortadas
en rodajitas

2-3 cucharadas de cilantro
picado

1 puñado de hojas de lechuga
romana, cortadas en tiras
finas

4 cucharadas de crema agria

salsa mexicana de su elección

El mole queda delicioso con las enchiladas: una buena razón para prepararlas en cantidad. Si no dispone de mucho tiempo, siempre puede utilizar un buen mole poblano envasado.

1 Precaliente el horno a 190 °C. Para calentar las tortillas, ponga al fuego una sartén antiadherente, sin aceite, y deposite encima una tortilla, que deberá rociar con unas gotas de agua. Para mantenerla caliente, envuélvala en papel de aluminio o un paño de cocina limpio. Haga lo mismo con el resto de las tortillas.

2 Moje las tortillas con el mole poblano y apílelas en un plato. Rellene la tortilla de arriba con unas cucharadas de queso rallado, enróllela y dispóngala en una fuente llana para el horno. Haga lo mismo con el resto de las tortillas y reserve un puñado de queso rallado para espolvorear por encima.

3 Reparta el resto del mole poblano sobre las tortillas enrolladas y vierta el caldo por encima. Espolvoree con el queso reservado y cubra la fuente con papel de aluminio.

4 Hornee las enchiladas 20 minutos o hasta que las tortillas estén bien calientes y el queso se haya fundido.

5 Entre tanto, corte el aguacate por la mitad, a lo largo, y gire las dos mitades en direcciones opuestas para separarlas. Pinche el hueso con la punta de un cuchillo y retírelo. Pele el aguacate con cuidado y córtelo en dados .

6 Reparta la cebolleta, el cilantro picado, la lechuga, el aguacate y la crema agria por encima de las tortillas, añada salsa al gusto y sirva las enchiladas enseguida.

SALSAS Y GUARNICIONES

Pan de maíz con chile

 Preparación: 10 minutos

Cocción: 40-45 minutos

Para: 8 personas

140 g de harina de maíz

75 g de harina de trigo

3 cucharaditas de levadura
   en polvo

1 cebolla pequeña picada
   muy fina

1-2 chiles verdes, tipo serrano,
   sin semillas y picados

4 cucharadas de aceite de maíz
   o vegetal

125 g de maíz dulce de lata

180 ml de crema agria

2 huevos batidos

Ésta es la auténtica comida de los pioneros, que satisface cualquier apetito. Si le apetece una versión con queso, añada 60 g de cheddar rallado a la mezcla y esparza un poco por encima antes de hornearlo.

1 Precaliente el horno a 180 °C.

2 Ponga en un cuenco ambas harinas y la levadura en polvo y añada la cebolla y el chile.

3 Caliente el aceite en una sartén de base gruesa, de 23 cm de diámetro y mango refractario. Inclínela para recubrir bien los lados con el aceite.

4 Haga un hoyo en el centro de los ingredientes secos e incorpore el maíz, la crema agria y los huevos. A continuación, vierta encima el aceite caliente de la sartén. Remueva un poco para revolverlo todo y pase la mezcla a la sartén caliente. Alise la superficie.

5 Hornee el pan de 35 a 40 minutos o hasta que al insertarle un palillo de madera en el centro éste salga limpio. Corte el pan en porciones y sírvalo caliente, recién sacado de la sartén.

Salsa de tomate rápida

Preparación: 5-10 minutos

Cocción: 15 minutos

Para: 4-6 personas

2 cucharadas de aceite vegetal
o de oliva

1 cebolla cortada en rodajitas

5 dientes de ajo cortados
en rodajitas

400 g de tomates de lata con
su jugo, o 600 g de tomates
frescos, cortados en dados

1 poco de chile molido de sabor
suave, como ancho o Nuevo
México

375 ml de caldo vegetal
o de pollo

sal y pimienta

1 pizca de azúcar (opcional)

Esta versátil salsa, muy sencilla de hacer, acompaña a la perfección la carne y el pescado a la plancha, y también los platos con tortillas al horno. Asimismo, sirve para rellenar tacos.

1 Caliente el aceite en una sartén grande y sofría la cebolla y el ajo 3 minutos o hasta que se ablanden un poco, sin dejar de remover.

2 Incorpore el tomate, el chile molido al gusto y el caldo. Déjelo cocer a fuego medio 10 minutos o hasta que el tomate se haya reducido un poco y el sabor de la salsa sea más concentrado.

3 Sazone la salsa al gusto con sal, pimienta y azúcar, si lo utiliza. Sírvala caliente.

Salsa de maíz y pimiento rojo

Esta salsa tiene una textura natural y un sabor dulce y ácido a la vez. Si lo prefiere, utilice un chile verde grande y fresco en lugar de en conserva. También puede sustituir la cebolleta por cebolla roja.

 Preparación: 10 minutos, más 30 de enfriamiento

Cocción: no requiere

Para: 4-6 personas

1 Escurra el maíz y póngalo en un cuenco no metálico.

2 Incorpore el pimiento rojo, el ajo, el chile, la cebolleta, el zumo de limón, el aceite y el cilantro picado. Añada sal al gusto y remueva para combinar los ingredientes.

3 Cúbralo y déjelo en el frigorífico un mínimo de 30 minutos, para esperar a que los sabores maduren antes de servir la salsa.

450 g de maíz de lata
1 pimiento rojo grande sin semillas, cortado en dados
1 diente de ajo majado
1-2 cucharadas de chiles jalapeños en conserva, picados muy finos
4 cebolletas picadas muy finas
2 cucharadas de zumo de limón
1 cucharada de aceite de oliva
1 cucharada de cilantro fresco picado
sal

Salsa de tomate picante

Preparación: 5-10 minutos

Cocción: no requiere

Para: 4 personas

2-3 chiles verdes tipo jalapeño
  o serrano
225 g de tomates de lata
  picados
1 cebolleta cortada en rodajitas
2 dientes de ajo picados
2-3 cucharadas de vinagre
  de sidra
60-120 ml de agua
1 buen pellizco de orégano seco
1 buen pellizco de comino
  molido
1 buen pellizco de azúcar
1 buen pellizco de sal

Esta sabrosa salsa queda estupenda con tortillas crujientes y tostadas, o con pescado frito o a la parrilla.

1 Corte los chiles para abrirlos, retire las semillas si lo desea y píquelos.

2 Ponga los chiles en una batidora o robot de cocina con el tomate, la cebolleta, el ajo, el vinagre de sidra, el agua, el orégano, el comino, el azúcar y la sal. Bátalo hasta que la salsa esté suave.

3 Rectifique de sal, cúbrala y déjela en el frigorífico hasta el momento de servirla. Si mantiene la salsa cubierta en el frigorífico, se conservará hasta una semana.

Mole verde

Preparación: 15 minutos

Cocción: 15 minutos

Para: 4-6 personas

225 g de pepitas de calabaza
  tostadas
1 litro de caldo de pollo
varios pellizcos de clavo molido
8-10 tomatillos cortados en
  dados. Si lo prefiere, utilice
  180 ml de salsa de tomatillo
  suave
½ cebolla picada
½ chile verde fresco, tipo
  jalapeño o serrano, sin
  semillas y cortado en dados
3 dientes de ajo picados
½ cucharadita de hojas
  de tomillo fresco
½ cucharadita de hojas
  de mejorana fresca
3 cucharaditas de manteca
  o aceite vegetal
3 hojas de laurel
4 cucharadas de cilantro fresco
  picado
sal y pimienta
rodajitas de chile verde fresco
  para decorar

Los moles son un puré. Según los ingredientes que contenga, variará su color, que podrá ir de amarillo y verde a marrón chocolate. Este mole verde es una especialidad de Jalisco. Sírvalo con tortillas calientes o tamales sin rellenar.

1 Muela las pepitas de calabaza tostadas en un robot de cocina. Añada la mitad del caldo, el clavo, el tomatillo, la cebolla, el chile, el ajo, el tomillo y la mejorana. Bátalo todo hasta obtener un puré.

2 Caliente la manteca en una sartén de base gruesa y añada la mezcla de pepitas de calabaza y las hojas de laurel. Déjelo a fuego medio 5 minutos o hasta que la mezcla empiece a espesar.

3 Retire la sartén del fuego y agregue el resto del caldo y el cilantro picado. Vuelva a ponerla en el fuego y cueza la salsa hasta que se haya espesado. Retírela del fuego.

4 Saque las hojas de laurel, ponga la salsa en el robot de cocina y bátala hasta que esté bien suave. Salpimiente al gusto.

5 Pásela a un bol, adórnela con las rodajitas de chile verde y sírvala.

Salsa pico de gallo

Ésta es una de las salsas mexicanas más famosas. Se dice que su nombre proviene de la tradición de cogerla entre el pulgar y el índice, como si fuera el picoteo de un gallo.

 Preparación: 10 minutos, más 30 de enfriamiento

Cocción: no requiere

Para: 4-6 personas

1 Ponga los dados de tomate en un cuenco no metálico.

2 Añada la cebolla, el chile, el cilantro picado y el zumo de lima. Salpimiente al gusto y remueva con cuidado para mezclar los ingredientes.

3 Cubra la salsa y déjela enfriar en el frigorífico un mínimo de 30 minutos, para que sus sabores maduren antes de servirla.

3 tomates maduros grandes, sin semillas y cortados en dados
½ cebolla roja picada muy fina
1 chile verde grande, tipo jalapeño, sin semillas y picado muy fino
2 cucharadas de cilantro picado
el zumo de 1 lima, o al gusto
sal y pimienta

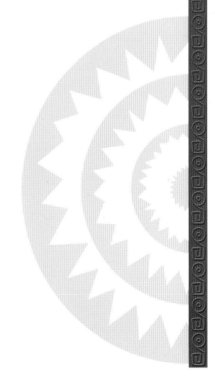

Salsa de chipotle cocida

 Preparación: 15 minutos

Cocción: 10 minutos

Para: 4 personas

3 chiles chipotle secos

1 cebolla picada muy fina

400 g de tomates de lata con
su jugo

2-3 cucharadas de azúcar
moreno

2-3 dientes de ajo picados
muy finos

1 pizca de canela molida

1 pizca de clavo o de pimienta
de Jamaica molida

1 buen pellizco de comino
molido

el zumo de ½ limón

1 cucharada de aceite de oliva
virgen extra

sal

tiras muy finas de corteza
de limón para decorar

4 tortillas blandas para servir

**Esta salsa de tomate y chipotle es a la vez dulce
y picante. Está deliciosa con cualquier alimento
hecho a la parilla, o bien con unos tacos.**

1 Ponga los chiles en una cacerola cubiertos con agua.
Protéjase la cara contra las emanaciones, asegúrese de
que la cocina esté bien ventilada y lleve los chiles a ebullición.
Déjelos cocer 5 minutos, retire el cazo del fuego, cúbralo y
espere a que los chiles se hayan ablandado.

2 Retire los chiles del agua con una espumadera. Descarte el
rabillo y las semillas y después raspe la pulpa para
separarla de la piel o, si lo prefiere, pique los chiles enteros.

3 Ponga la cebolla en una cacerola con el tomate y el azúcar
y déjelos cocer a fuego medio. Remueva hasta que todo se
haya espesado.

4 Retire la cacerola del fuego y añada el ajo, la canela, el
clavo, el comino, el zumo de limón, el aceite y los chiles
preparados. Agregue sal al gusto y espere a que se enfríe. Sirva
la salsa con tortillas y decorada con la corteza de limón.

Salsa de piña y mango

Preparación: 15 minutos, más 30 de enfriamiento

Cocción: no requiere

Para: 4 personas

½ piña madura

1 mango maduro

2 cucharadas de menta picada

2 cucharaditas de azúcar moreno

el zumo de 1 lima

1-2 cucharaditas de salsa Tabasco o Habanero, o al gusto

1 tomate grande sin semillas, cortado en dados

sal

ramitas de menta para decorar

Esta exótica salsa, repleta de sabor tropical, ofrece un contraste de sabores con la comida típica mexicana. Puede sustituir el mango por papaya si quiere experimentar un sabor diferente.

1 Corte la piña en rodajas y quíteles la corteza y los ojos. Córtela en dados y déjela en un cuenco no metálico. Espere a que desprenda el jugo.

2 Corte el mango por la mitad y a lo largo, a ambos lados del hueso plano central. Pele las dos mitades y córtelas en dados. Retire la carne que pueda quedar alrededor del hueso y córtela también en dados. Añádalos a los de la piña, con el jugo que haya soltado.

3 Incorpore la menta picada, el azúcar, el zumo de lima, el Tabasco y el tomate, sazone con sal y remueva para mezclar bien los ingredientes. Cubra la salsa y déjela en el frigorífico un mínimo de 30 minutos para que los sabores maduren. Remuévala de nuevo antes de servirla y decórela con ramitas de menta.

Dos salsas clásicas

Una comida mexicana no estaría completa sin una buena salsa. Estas dos salsas tradicionales, ideales para cualquier plato, pueden acompañar desde tortillas rellenas hasta carne a la plancha.

 Preparación: 5 minutos
Cocción: no requiere
Para: 4-6 personas

1 Para hacer la salsa jalapeño ponga la cebolla en un cuenco no metálico con el ajo, el chile, el zumo de limón y el comino. Sazónelo al gusto con sal y remueva. Cubra la salsa y guárdela en el frigorífico hasta que la necesite.

2 Para preparar la salsa cruda con textura gruesa, mezcle todos los ingredientes en un cuenco no metálico. Cúbrala y guárdela en el frigorífico hasta que la necesite.

3 Si desea una salsa más fina, bata los ingredientes en una batidora o robot de cocina. Cúbrala y guárdela en el frigorífico hasta que la necesite.

SALSA DE JALAPEÑOS

1 cebolla picada **muy fina**
2-3 dientes de ajo picados muy finos
4-6 chiles jalapeños encurtidos y picados gruesos
el zumo de ½ limón
una ½ cucharadita de comino molido
sal

SALSA CRUDA

6-8 tomates maduros picados muy finos
130 ml de zumo de tomate
3-4 dientes de ajo picados muy finos
½-1 puñado de hojas de cilantro picadas gruesas
1 pizca de azúcar
3-4 chiles verdes frescos, tipo jalapeño o serrano, sin semillas y picados muy finos
½-1 cucharadita de comino molido
3-4 cebolletas picadas muy finas
sal al gusto

Salsas mexicanas picantes

Preparación: 10 minutos, más 20 de reposo

Cocción: 5 minutos

Para: 4-6 personas

Estas salsas recogen el inimitable sabor picante y especiado de México. Escoja entre una fresca salsa afrutada con sabor a menta, una salsa de chile tostado o una salsa verde picante.

SALSA DE FRUTA TROPICAL

½ piña madura y dulce

1 mango o papaya

½-1 chile verde tipo jalapeño o serrano

½-1 chile rojo fresco

½ cebolla roja picada

1 cucharada de azúcar

el zumo de 1 lima

3 cucharadas de menta fresca picada y sal

SALSA DE CHILE TOSTADO

1 pimiento verde

2-3 chiles verdes frescos, tipo jalapeño o serrano

2 dientes de ajo picados

el zumo de ½ lima

1 cucharadita de sal

2-3 cucharadas de aceite de oliva

1 buen pellizco de orégano seco y comino molido

SALSA VERDE

450 g de tomatillos de lata

1-2 chiles verdes, tipo jalapeño o serrano

1 pimiento verde

1 cebolla pequeña picada

1 puñado de cilantro picado

½ cucharadita de comino molido y sal

1 Para hacer la salsa de fruta tropical pele la piña, retire la parte central dura y córtela en dados. Póngalos en un cuenco grande no metálico con el jugo que haya soltado.

2 Corte el mango por la mitad, a lo largo, y a ambos lados del hueso plano central. Pele las dos mitades y córtelas en dados. Retire la carne que pueda quedar alrededor del hueso y córtela en dados. Si utiliza papaya, córtela por la mitad y retire las semillas. Añada los dados de fruta a los de piña, con el jugo que hayan desprendido.

3 Retire las semillas del chile verde y píquelo. Haga lo mismo con el rojo. Incorpore ambos a la fruta, junto con los demás ingredientes. Cubra el cuenco y deje la salsa en el frigorífico hasta que la necesite.

4 Para hacer la salsa de chile tostado, ase el pimiento y los chiles en una sartén sin aceite hasta que la piel esté chamuscada. Métalos en una bolsa de plástico, ciérrela bien y déjelos reposar 20 minutos. Pélelos, extraiga las semillas y píquelos. Mézclelos con el ajo, el zumo, la sal y el aceite en un cuenco no metálico. Sazónela con el orégano y el comino.

5 Para hacer la salsa verde, escurra y pique los tomatillos, retire las semillas de los chiles verdes y del pimiento y píquelos. A continuación, mézclelos con el resto de los ingredientes en un cuenco no metálico. Si prefiere una salsa más fina, bata los ingredientes en un robot de cocina hasta lograr la textura deseada. Pásela a un bol para servirla.

Salsa chipotle

 Preparación: 5 minutos

Cocción: no requiere

Para: 4-6 personas

450 g de tomates jugosos y
  maduros cortados en dados
3-5 dientes de ajo picados
  muy finos
½ puñado de hojas de cilantro
  picado grueso
1 cebolla pequeña picada
1-2 cucharaditas del adobo
  del chile chipotle
½-1 cucharadita de azúcar
zumo de lima
1 pizca de canela molida,
  de pimienta de Jamaica
  molida y de comino molido
  (todo opcional)
sal

Los chipotles son los chiles jalapeños ahumados que se venden secos o enlatados, conservados en un sabroso adobo. En esta receta utilizamos el adobo de la lata, para dar más sabor a una sencilla salsa de tomate fresca.

1 Ponga los tomates, el ajo y el cilantro picado en una batidora o robot de cocina.

2 Bata la mezcla hasta que esté suave y a continuación añada la cebolla, el adobo del chile y el azúcar.

3 Añada zumo de lima y sal al gusto y después agregue la canela, la pimienta de Jamaica o el comino, si los utiliza.

4 Sírvala de inmediato o cúbrala y guárdela en el frigorífico hasta que la necesite, aunque la salsa está en el punto justo recién hecha.

Salsa de chile rojo suave

Esta salsa, un poco más suave, es ideal para enchiladas y carne estofada. Puede tener siempre un poco en el congelador para cuando necesite un toque mexicano en su cocina.

 Preparación: 10 minutos, más 20 de enfriamiento

Cocción: 15-20 minutos

Para: unos 270 ml

1 Para asar los chiles, sujételos con unas pinzas metálicas sobre la llama del fogón hasta que se oscurezcan por ambos lados. También puede colocarlos bajo el grill precalentado. Deles la vuelta con frecuencia.

2 Ponga los chiles en un cuenco y vierta agua hirviendo encima. Cúbralos y déjelos enfriar.

3 Entre tanto, ponga el caldo en una cacerola y llévelo poco a poco a ebullición.

4 Cuando los chiles se hayan enfriado, hinchado y ablandado, retírelos del caldo con una espumadera. Extraiga las semillas, corte o desmenuce la pulpa en trocitos y páselos a una batidora o robot de cocina. Bátalos hasta obtener un puré y mézclelos con el caldo caliente.

5 Ponga la mezcla de chiles y caldo en una cacerola. Añada la masa harina con el agua suficiente para hacer una pasta fina, junto con el comino, el ajo y el zumo de lima. Llévelo todo a ebullición y déjelo cocer unos minutos, mientras remueve, hasta que la salsa se haya espesado. Rectifique de sal si fuera necesario y sírvala.

5 chiles frescos y grandes de sabor suave, como Nuevo México o ancho

500 ml de caldo de pollo o de verduras

1 cucharada de masa harina o 1 nacho triturado

1 buen pellizco de comino molido

1-2 dientes de ajo picados muy finos

el zumo de 1 lima

sal

Guacamole

 Preparación: 15 minutos

Cocción: no requiere

Para: 4 personas

Existen tantas versiones de este plato como cocineros que lo preparan, pero el buen resultado siempre dependerá de si utiliza aguacates maduros y de buena calidad. Si en lugar de hacer un puré, los chafa, controlará mejor la textura de la salsa.

2 aguacates maduros y grandes

el zumo de 1 lima, o al gusto

2 cucharaditas de aceite de oliva

½ cebolla picada muy fina

1 chile verde de sabor suave, como el poblano, sin semillas y picado muy fino

1 diente de ajo majado

¼ de cucharadita de comino molido

1 cucharada de cilantro picado y un poco más para decorar (opcional)

sal y pimienta

1 Corte los aguacates por la mitad, a lo largo, y gire las dos mitades en direcciones opuestas para separarlas. Pinche el hueso con la punta de un cuchillo y retírelo.

2 Pele los aguacates, pique las mitades en dados y póngalos en un cuenco no metálico. Rocíelos con el zumo de lima para que no ennegrezcan y añada el aceite.

3 Chafe el aguacate con un tenedor hasta obtener la consistencia deseada, ya sea gruesa o fina. Incorpore la cebolla, el chile, el ajo, el comino y el cilantro picado y, a continuación, salpimiéntelo.

4 Póngalo todo en un cuenco y sírvalo enseguida para evitar que se decolore. Si lo desea, espolvoréelo con un poco de cilantro.

Mole poblano

 Preparación: 20 minutos, más 1 hora de reposo

Cocción: 15 minutos

Para: 8-10 personas

3 chiles mulato secos

3 chiles ancho secos y suaves

5-6 chiles tipo Nuevo México o California secos

1 cebolla picada

5 dientes de ajo picados

450 g de tomates maduros

2 tortillas, preferiblemente pasadas, cortadas en trocitos

1 pizca de clavo molido

1 pizca de semillas de hinojo

⅛ de cucharadita, de cada, de canela, cilantro y comino molidos

3 cucharadas de semillas de sésamo tostadas o tahini

3 cucharadas de almendras escaldadas, fileteadas o picadas gruesas

2 cucharadas de pasas

1 cucharada de mantequilla de cacahuete (opcional)

500 ml de caldo de pollo

3-4 cucharadas de chocolate negro rallado y un poco más para decorar

2 cucharadas de chile molido de sabor suave, como ancho o Nuevo México

3 cucharadas de aceite vegetal

1 cucharada de zumo de lima, más o menos

sal y pimienta

Este estupendo plato mexicano suele servirse en las ocasiones especiales, como las fiestas de los pueblos, cumpleaños, bodas y bautizos. Es conocido por su original y sabrosa combinación de chile y chocolate.

1 Para tostar los chiles, sujételos con unas pinzas metálicas sobre la llama del fogón unos segundos, hasta que oscurezcan. También puede asarlos en una sartén sin engrasar durante 30 segundos, a fuego medio. Deles la vuelta sin cesar.

2 Ponga los chiles asados en un cuenco o cacerola refractaria y cúbralos con agua hirviendo. Tápelos y déjelos que se ablanden como mínimo 1 hora o durante toda la noche. Destápelos 1 o 2 veces y recolóquelos para que se remojen de manera uniforme.

3 Retire los chiles ablandados con una espumadera. Descarte los rabillos y las semillas y corte la carne en trozos. Póngalos en una batidora o robot de cocina.

4 Añada la cebolla, el ajo, el tomate, las tortillas, el clavo, las semillas de hinojo, la canela, el cilantro, el comino, las semillas de sésamo, la almendra, las pasas y la mantequilla de cacahuete, si la utiliza. Bátalo todo bien. Con el motor en marcha, añada el caldo suficiente por el tubo de alimentación hasta conseguir una pasta suave. Agregue el resto del caldo, el chocolate y el chile molido.

5 Caliente el aceite en una cacerola de base gruesa hasta que humee y, a continuación, vierta la pasta de mole. Salpicará cuando toque el aceite caliente. Déjela cocer 10 minutos, y remueva de cuando en cuando para evitar que se pegue. Sazone al gusto con sal, pimienta y zumo de lima. Decórela con un poquito de chocolate y sírvala.

Mayonesa al cilantro

Preparar su propia mayonesa es fácil, en especial si dispone de batidora o robot de cocina. Adquirirá un sabor mexicano muy típico si le añade un chile verde.

1 Ponga el huevo en una batidora o robot de cocina, añada la mostaza y la sal y bata durante 30 segundos.

2 Agregue el zumo de limón, el cilantro picado y el chile y bátalo todo un poco.

3 Con el motor en marcha, incorpore el aceite de oliva a través del tubo de alimentación, en un chorrito fino y constante. La mezcla se espesará una vez haya añadido la mitad del aceite.

4 Añada el resto del aceite hasta que la mayonesa lo haya absorbido. Póngala en un cuenco, cúbrala y déjela en el frigorífico 30 minutos para dejar que los sabores maduren antes de servirla.

Nota: las recetas que llevan huevo crudo no son adecuadas para los niños pequeños, las personas ancianas, las mujeres embarazadas, los convalecientes y cualquier persona que sufra alguna dolencia.

 Preparación: 10 minutos, más 30 en el frigorífico
Cocción: no requiere
Para: 4 personas

1 huevo
2 cucharaditas de mostaza condimentada
½ cucharadita de sal
1 chorrito de zumo de limón
2 cucharadas de cilantro fresco picado
1 chile verde de sabor suave, como poblano, sin semillas y picado muy fino
300 ml de aceite de oliva

Patatas con crema de chipotle

Preparación: 10 minutos

Cocción: 45 minutos

Para: 4 personas

1,2 kg de patatas para asar
   peladas y troceadas

1 pizca de sal

1 pizca de azúcar

200 ml de crema agria

125 ml de caldo de pollo
   o de verduras

3 dientes de ajo picados
   muy finos

unos chorritos de salsa chipotle
   envasada

225 g de queso de cabra cortado
   en lonchas

175 g de queso mozzarella
   o cheddar, rallado

50 g de queso parmesano
   o romano rallado

Esta receta puede servir como guarnición de un plato de carne o bien ser un plato principal vegetariano. El queso de cabra es un alimento tradicional en México, y en la actualidad goza de una renovada popularidad.

1 Precaliente el horno a 180 °C. Ponga las patatas en una cacerola con agua, sal y azúcar. Llévelas a ebullición y déjelas 10 minutos, hasta que estén medio cocidas.

2 Mezcle en un cuenco la crema agria con el caldo, el ajo y la salsa chipotle.

3 Coloque la mitad de las patatas en una cazuela de barro y viértales por encima la mitad de la crema agria. Ponga también las lonchitas de queso de cabra. Remate con el resto de las patatas y la salsa.

4 Espolvoree con la mozzarella rallada y después con el parmesano.

5 Déjelas en el horno 30 minutos o hasta que las patatas estén tiernas y la capa de queso esté un poco dorada y un poco crujiente en algunos puntos. Sírvalas enseguida.

Calabacita con chile y maíz

Preparación: 10 minutos

Cocción: 10 minutos

Para: 4-6 personas

2 mazorcas de maíz

2 calabacines pequeños o
alguna otra calabacita estival,
cortados en rodajas o dados

2 calabacitas amarillas cortadas
en rodajas o dados

2 cucharadas de mantequilla

3 dientes de ajo picados muy
finos

3-4 tomates maduros, grandes
y sabrosos, cortados en dados

unos pellizcos de chile molido
de sabor suave, como ancho
o Nuevo México

unos pellizcos de comino molido

½ chile verde, tipo jalapeño o
serrano, sin semillas y picado

1 pizca de azúcar

sal y pimienta

La mantequilla con sabor a ajo y el chile le dan un toque especial a este guisado estival vegetariano. Sírvalo para acompañar cualquier plato de carne, aunque también queda muy bien con las fajitas.

1 Lleve unos 3 dedos de agua a ebullición en una vaporera. Ponga el maíz, el calabacín y la calabacita en la parte superior, tape la vaporera y, según lo frescos y maduros que sean estos ingredientes, cuézalos al vapor unos 3 minutos. También puede escaldar las verduras en una olla con agua hirviendo con sal 3 minutos y después escurrirlas. Resérvelas hasta que se hayan enfriado lo suficiente como para poder manipularlas.

2 Con un cuchillo grande desprenda los granos de maíz de las mazorcas y resérvelos.

3 Derrita la mantequilla en una sartén de base gruesa y sofría el ajo 1 minuto para ablandarlo. Incorpore el tomate, el chile molido, el comino, el chile y el azúcar. Salpimiente al gusto y déjelo cocer unos minutos o hasta que los sabores se hayan mezclado.

4 Añada el maíz, el calabacín y la calabacita. Remueva durante 2 minutos, para calentarlos, y sirva el plato enseguida.

Patatas con salsa de tomatillo

Las sencillas patatas servidas con una salsa picante de tomatillo y rematadas con cebolleta y crema agria quedan deliciosas, ya sea para servir como guarnición de una carne guisada o a la parilla, o bien como plato principal vegetariano.

 Preparación: 5 minutos
Cocción: 25 minutos
Para: 6 personas

1 Ponga las patatas en una cacerola con agua salada, llévelas a ebullición y cuézalas 15 minutos o hasta que estén casi tiernas; no las cueza demasiado. Escúrralas y resérvelas.

2 Chamusque un poco la cebolla, el ajo, el chile y los tomatillos en una sartén de base gruesa sin engrasar. Resérvelos. Una vez se hayan enfriado lo suficiente, pele y pique la cebolla, el ajo y el chile, y pique los tomatillos o los tomates. Póngalos en una batidora o robot de cocina con la mitad del caldo y haga un puré. Agregue el comino, el tomillo y el orégano y remueva bien.

3 Caliente el aceite en la sartén de base gruesa y cueza el puré 5 minutos. Remueva, para reducirlo un poco y para que el sabor quede más concentrado.

4 Incorpore las patatas y el calabacín al puré y vierta el resto del caldo. Añada la mitad del cilantro y déjelo 5 minutos más o hasta que el calabacín esté tierno.

5 Páselo a un cuenco y sírvalo espolvoreado con el resto del cilantro picado como decoración.

1 kg de patatas mantecosas pequeñas y peladas
1 cebolla partida por la mitad y sin pelar
8 dientes de ajo sin pelar
1 chile verde, tipo jalapeño o serrano
8 tomatillos sin los hollejos o bien 8 tomates ácidos pequeños
250 ml de caldo de pollo, de carne o vegetal. Es preferible que sea casero
½ cucharadita de comino molido
1 ramita de tomillo fresco o un buen pellizco de tomillo seco
1 ramita de orégano o un buen pellizco de orégano seco
2 cucharadas de aceite vegetal o de oliva virgen
1 calabacín picado grueso
1 manojo de cilantro picado

Calabacín y calabacita con chorizo

Preparación: 10 minutos

Cocción: 10 minutos

Para: 4 personas

2 calabacines cortados
en rodajitas

2 calabacitas amarillas cortadas
en rodajitas

2 chorizos cortados en rodajas
o dados

3 dientes de ajo picados muy
finos

el zumo de ½-1 lima

sal y pimienta

1-2 cucharadas de cilantro picado
para servir

El intenso sabor del chorizo combina muy bien con el calabacín y la calabacita y les da un toque especial.

1 Cueza de 3 a 4 minutos el calabacín y la calabacita en una olla con agua salada hirviendo, hasta que empiecen a estar tiernos. Escúrralos bien.

2 Dore el chorizo en una sartén de base gruesa. Remueva con una cuchara para deshacerlo. Retire el exceso de grasa de la sartén y a continuación añada el ajo y el calabacín y la calabacita cocidos. Rehóguelos unos minutos, mientras remueve con suavidad para que los sabores se combinen.

3 Agregue zumo de lima al gusto. Salpimiente y sirva el plato enseguida, espolvoreado con cilantro picado.

Chile aromático y picante con frijoles negros

 Preparación: 15 minutos, más 8 horas de remojo

Cocción: 2½-2¾ horas

Para: 4 personas

400 g de frijoles negros secos

2 cucharadas de aceite de oliva

1 cebolla picada

5 dientes de ajo picados gruesos

2 lonchas de beicon cortadas en dados (opcional)

½-1 cucharadita de comino molido

½-1 cucharadita de chile rojo molido de sabor suave, tipo ancho

1 pimiento rojo cortado en dados

1 zanahoria cortada en dados

400 g de tomates frescos cortados en dados, o de lata picados

1 manojo de cilantro picado grueso

sal y pimienta

Los frijoles negros son aromáticos y sabrosos. Disfrute de este guisado al estilo mexicano con unas tortillas, o al estilo californiano con unos nachos troceados por encima.

1 Deje los frijoles en remojo toda la noche y después escúrralos. Llévelos a ebullición en una olla con agua, hiérvalos 10 minutos, reduzca la temperatura y déjelos a fuego lento 1½ horas o hasta que estén tiernos. Escúrralos bien y reserve 250 ml del líquido de cocción.

2 Caliente el aceite en una sartén y sofría la cebolla y el ajo 2 minutos, mientras remueve. Añada el beicon, si lo utiliza, y remueva de vez en cuando hasta que el beicon esté cocido y la cebolla se haya ablandado.

3 Agregue el comino y el chile molido y déjelo unos instantes. Incorpore el pimiento rojo, la zanahoria y el tomate. Déjelo cocer a fuego medio 5 minutos.

4 Añada la mitad del cilantro picado y los frijoles con su líquido de cocción. Salpimiente al gusto. Déjelo a fuego suave de 30 a 45 minutos, o hasta que el guiso se haya espesado y esté bien sabroso.

5 Añada el resto del cilantro, rectifique de sal y pimienta y sírvalo enseguida.

Frijoles refritos

Los frijoles refritos son casi obligatorios en la cocina mexicana, y aunque puede comprarlos envasados, ¿por qué no darse el gusto de comerlos de vez en cuando hechos en casa?

 Preparación: 10 minutos, más 8 horas de remojo
Cocción: 2¼ horas
Para: 4 personas

1 Deje los frijoles en remojo toda la noche y después escúrralos. Póngalos en una olla con la cebolla cuarteada, las hierbas y el chile. Añada el agua suficiente y llévelos a ebullición. Reduzca la temperatura, tape la olla y déjelos a fuego lento 2 horas, o hasta que estén bien tiernos.

2 Escurra los frijoles y reserve el líquido de cocción. Descarte la cebolla, las hierbas y el chile.

3 Ponga ⅔ de los frijoles y el líquido de cocción en una batidora o robot de cocina y tritúrelos gruesos.

4 Caliente el aceite en una sartén de base gruesa a fuego medio y sofría la cebolla durante 10 minutos o hasta que esté tierna y dorada. Añada el comino y remueva 2 minutos más. Incorpore el puré y los frijoles reservados y remueva sin cesar hasta que el líquido se reduzca y la mezcla se haya espesado. Añada el queso rallado, si lo utiliza, y continúe removiendo hasta que se haya fundido. Sirva los frijoles enseguida con unos nachos.

265 g de frijoles pintos secos
2 cebollas, 1 cuarteada
  y 1 picada
1 hoja de laurel picada
  y 1 entera
1 ramita de tomillo fresco
1 chile rojo seco, tipo ancho
3 cucharadas de aceite de oliva
2 cucharaditas de comino
  molido
85 g de queso cheddar rallado
  (opcional)
nachos para servir

Frijoles mexicanos

 Preparación: 15 minutos,
más 8 horas de remojo

Cocción: 2½ horas

Para: 4-6 personas

500 g de frijoles pintos
   o borlotti secos
1 ramita de menta
1 ramita de tomillo fresco
1 ramita de perejil
1 cebolla troceada
sal
cebolleta cortada en tiras finas
   para decorar
tortillas de maíz o de trigo
   blandas y calientes para servir

Una olla con frijoles burbujeando sobre el fogón es algo imprescindible en la cocina cotidiana de México: ¡deliciosos y saludables!

1 Retire los pequeños guijarros que puedan tener los frijoles. Cúbralos con agua fría y déjelos en remojo toda la noche. Si quiere abreviar el tiempo de cocción, llévelos a ebullición en una olla, cuézalos 5 minutos, sáquelos del fuego y déjelos reposar 2 horas, sin destapar la olla.

2 Escurra los frijoles, póngalos en una cacerola y cúbralos con agua fresca. Añada las hierbas, llévelos a ebullición, reduzca la temperatura al mínimo, tape la cacerola y déjelos cocer 2 horas o hasta que estén tiernos. La mejor manera de comprobarlo es probar de vez en cuando uno o dos tras 1¾ horas de cocción.

3 Incorpore los trozos de cebolla y siga cociendo los frijoles hasta que ambos estén muy tiernos.

4 Para servirlos como guarnición, añada sal al gusto y sírvalos en boles con unas tortillas calientes. Adórnelos con cebolleta cortada en tiras finas.

Arroz con lima

Preparación: 5 minutos

Cocción: 15 minutos

Para: 4 personas

2 cucharadas de aceite vegetal

1 cebolla pequeña picada
  muy fina

3 dientes de ajo picados
  muy finos

200 g de arroz de grano largo

500 ml de caldo de pollo
  o vegetal

el zumo de una lima

1 cucharada de cilantro picado

ralladura de lima para decorar

gajos de lima para servir
  (opcional)

El sabor cítrico queda estupendo con todo tipo de platos de arroz. Aunque no es típico de México, podría añadirle al plato un poco de arroz salvaje si lo desea.

1 Caliente el aceite en una cazuela refractaria o una cacerola de base gruesa y sofría la cebolla y el ajo a fuego suave, durante 2 minutos. Remueva de vez en cuando. Incorpore el arroz y remueva durante 1 minuto más. Vierta el caldo, suba el fuego y llévelo todo a ebullición. Después, reduzca el fuego al mínimo.

2 Cubra la cazuela y deje cocer el arroz 10 minutos o hasta que esté tierno y haya absorbido todo el líquido.

3 Rocíelo con el zumo de lima y muévalo un poco con un tenedor para esponjarlo y mezclarlo con el zumo. Espolvoréelo con el cilantro picado y decórelo con ralladura de lima. Si lo desea, sírvalo con unos gajos de lima.

Arroz picante

Queda mucho más apetecible que el arroz blanco
y está repleto de sabor. Si quiere que llene un
poco más, añádale unos frijoles colorados o caupí
con el caldo.

 Preparación: 15 minutos,
más 5 de reposo

Cocción: 30 minutos

Para: 4 personas

1 Caliente el aceite en una cacerola de base gruesa a fuego medio. Añada la cebolleta, el apio y el ajo y déjelos unos 5 minutos, hasta que se hayan ablandado. Incorpore el pimiento, el maíz y el chile y cuézalos 5 minutos.

2 Añada el arroz y el comino y remueva 2 minutos, para que los granos queden bien recubiertos con el aceite.

3 Vierta el caldo y la mitad del cilantro picado y llévelo a ebullición. Reduzca la temperatura, tape la cacerola y déjelo a fuego suave 15 minutos o hasta que el arroz haya absorbido casi todo el líquido y esté tierno.

4 Retírelo del fuego y espónjelo con un tenedor. Añada el resto del cilantro picado y salpimiéntelo. Déjelo reposar 5 minutos, con la cacerola tapada y sirva a continuación decorado con ramitas de cilantro.

3 cucharadas de aceite de oliva
6 cebolletas picadas
1 rama de apio picado muy fino
3 dientes de ajo picados
muy finos
2 pimientos verdes sin semillas
y picados
1 mazorca de maíz desgranada
2 chiles verdes de sabor suave,
tipo poblano, sin semillas
y picados muy finos
250 g de arroz de grano largo
2 cucharaditas de comino
molido
600 ml de caldo de pollo
o vegetal
2 cucharadas de cilantro picado
sal y pimienta
ramitas de cilantro para decorar

Postres

Helado con pepitas de chocolate al chile

 Preparación: 15-25 minutos, más otros 15 minutos-2 horas para batirlo o congelarlo, y 15 minutos para ablandarlo

Cocción: 10 minutos

Para: 4 personas

1 huevo
1 clara de huevo
50 g de azúcar extrafino
150 g de chocolate negro
  picado fino
600 ml de leche
1 chile rojo seco, tipo ancho
1 vaina de vainilla
600 ml de nata espesa
150 g de pepitas de chocolate
  negro, con leche o blanco

El chocolate y el chile son una combinación clásica para los platos salados, pero también pueden utilizarse con los dulces. El chile aporta un toque cálido y realza el sabor del chocolate.

1 Ponga el huevo, la yema y el azúcar en un cuenco refractario sobre una cacerola con agua hirviendo a fuego suave. Bátalo todo hasta que esté esponjoso.

2 Ponga el chocolate picado, la leche, el chile y la vaina de vainilla en una cacerola aparte y caliéntelos a fuego suave hasta que el chocolate se haya disuelto y la leche esté casi hirviendo. Viértalo sobre la mezcla de huevo, descarte el chile y la vainilla, y bátalo bien. Déjelo enfriar.

3 Monte un poco la nata en un cuenco aparte. Incorpórela a la mezcla enfriada, junto con las pepitas de chocolate. Póngala en una heladora y bátala 15 minutos o según las instrucciones del fabricante. También puede pasar la mezcla a un recipiente adecuado y dejarla en el congelador 1 hora o hasta que esté congelada en parte. Sáquela del congelador, pásela a un cuenco y bátala para romper los cristales de hielo. Congélela de nuevo 30 minutos y vuelva a batirla. Congélela una vez más, hasta que esté firme.

4 Ponga el helado en el frigorífico 15 minutos antes de servirlo, para que se ablande. Sírvalo en copas individuales.

Nota: las recetas que llevan huevo crudo no son adecuadas para los niños pequeños, las personas ancianas, las mujeres embarazadas, los convalecientes y cualquier persona que sufra alguna dolencia.

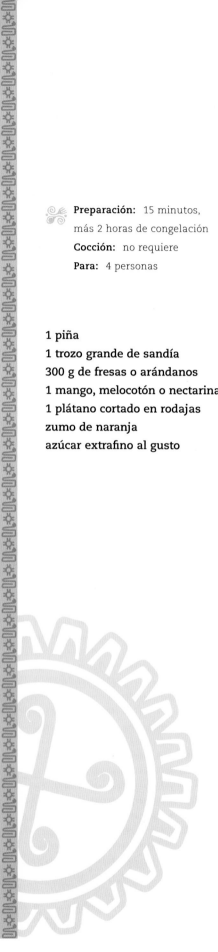

Granizado mexicano

 Preparación: 15 minutos, más 2 horas de congelación

Cocción: no requiere

Para: 4 personas

1 piña
1 trozo grande de sandía
300 g de fresas o arándanos
1 mango, melocotón o nectarina
1 plátano cortado en rodajas
zumo de naranja
azúcar extrafino al gusto

Guarde unas cuantas frutas preparadas en el congelador y podrá preparar este refrescante postre cuando quiera. Además de ser sano está muy rico y puede variar la fruta a su gusto.

1 Cubra 2 bandejas de hornear con film transparente.

2 Pele la piña y rebánela, retire la parte central dura y córtela en dados. Quite la cáscara y las pepitas de la sandía y córtela en trocitos. Quite el rabillo de las fresas y córtelas en rodajas o déjelas enteras. Corte el mango por la mitad, a lo largo, a ambos lados del hueso plano central. Pele las dos mitades y córtelas en dados. Retire la carne que pueda quedar alrededor del hueso y córtela en dados. Pele el plátano y córtelo en rodajas.

3 Disponga la fruta sobre el film transparente y déjela en el congelador sin tapar un mínimo de 2 horas o hasta que esté firme y helada.

4 Ponga un tipo de fruta en un robot de cocina y bátala hasta que esté triturada.

5 Añada un poco de zumo de naranja y de azúcar al gusto, y siga batiendo hasta que tenga una textura granulada. Repita la operación con el resto de la fruta. Colóquela en boles helados y sírvala enseguida.

Sorbete de guayaba, lima y tequila

Este postre helado es lo mejor para refrescarse y su presentación es muy elegante. Para darle un toque final, decórelo con gajos, espirales o tiras finas de cáscara de lima.

 Preparación: 20 minutos, más 2½ horas de congelación y 15 minutos para descongelarlo
Cocción: 10 minutos
Para: 4 personas

200 g de azúcar extrafino
480 ml de agua
4 guayabas maduras frescas o bien 8 mitades de guayaba en conserva
2 cucharadas de tequila
el zumo de ½ lima, o al gusto
1 clara de huevo

1 Caliente el azúcar y el agua en un cazo de base gruesa a fuego suave hasta que el azúcar se haya disuelto. Cuando el líquido esté claro hiérvalo 5 minutos o hasta que se forme un almíbar espeso. Retire el cazo del fuego y déjelo enfriar.

2 Corte las guayabas frescas por la mitad y extraiga la pulpa. Descarte las semillas de la guayaba fresca o en conserva. Pase la pulpa a una batidora o robot de cocina y bátala hasta que esté suave.

3 Incorpore el puré de guayaba al almíbar con el tequila y el zumo de lima. Pase la mezcla a un recipiente adecuado y déjela en el congelador 1 hora o hasta que esté pastosa.

4 Sáquela del congelador y bátala de nuevo hasta que esté suave. Vuelva a ponerla en el congelador y déjela hasta que esté firme. Bátala una vez más. Con el motor todavía en marcha añada la clara de huevo por el tubo de alimentación. Pase de nuevo el sorbete al congelador y déjelo hasta que se solidifique.

5 Deje el sorbete en el frigorífico 15 minutos. Sírvalo en copas individuales.

Nota: las recetas que llevan huevo crudo no son adecuadas para los niños pequeños, las personas ancianas, las mujeres embarazadas, los convalecientes y cualquier persona que sufra alguna dolencia.

Flan mexicano

Preparación: 15 minutos, más 24 horas de enfriamiento

Cocción: 1½-1¾ horas

Para: 4-6 personas

mantequilla para engrasar
220 g de azúcar extrafino
4 cucharadas de agua
unas gotas de zumo de limón
600 ml de leche
1 vaina de vainilla
2 huevos grandes
2 yemas de huevo grandes

PARA DECORAR
fruta confitada
hojitas de menta

El contraste de sabor y textura de este cremoso postre, con su cobertura caramelizada, hace que guste tanto a niños como a adultos.

1 Precaliente el horno a 160 ºC. Engrase un poco los costados de una flanera con capacidad para 1,2 litros.

2 Para hacer el caramelo, ponga unos 85 g de azúcar con el agua en un cazo, a fuego medio. Remueva hasta que el azúcar se haya disuelto y después déjelo hervir hasta que esté dorado. Retire el cazo del fuego y añada el zumo de limón. Vierta el almíbar en la flanera e inclínela para que la base quede bien recubierta. Resérvelo.

3 Vierta la leche en un cazo. Haga una incisión longitudinal en la vaina de vainilla y añádala a la leche. Llévela a ebullición, retire el cazo del fuego y agregue el resto del azúcar. Remueva hasta que todo se haya disuelto. Resérvelo.

4 Bata los huevos con las yemas en un cuenco. Vierta la mezcla de leche encima, mientras bate. Retire la vainilla. Cuele la mezcla sobre un cuenco y pásela a la flanera.

5 Ponga la flanera en una bandeja de hornear y añada agua hirviendo hasta que cubra ⅔ de la altura de la flanera. Hornee el flan en el horno precalentado de 75 a 90 minutos, o hasta que al insertar un cuchillo en el centro éste salga limpio. Déjelo enfriar del todo. Cúbralo con film transparente. Téngalo un mínimo de 24 horas en en el frigorífico.

6 Pase un cuchillo por los bordes, ponga un plato sobre la flanera, inviértala y desmolde el flan con un movimiento rápido. Sírvalo decorado con fruta confitada y menta.

Capirotada mexicana

Preparación: 20 minutos

Cocción: 35-40 minutos

Para: 4 personas

4 cucharadas de mantequilla
y un poco más para engrasar

375 ml de agua

230 g de azúcar moreno

1 rama de canela troceada

1 cucharadita de anís molido

70 g de pasas

10 rebanadas pequeñas de pan

100 g de pacanas peladas,
tostadas y picadas

100 g de almendras tostadas
fileteadas

175 g de queso cheddar suave
rallado

Existen muchas variaciones de este pudin, que convierte unas rebanadas de pan en un postre irresistible. Puede utilizar requesón desmenuzado en lugar de cheddar si prefiere una versión más ligera.

1 Precaliente el horno a 190 °C. Engrase bien una fuente para el horno.

2 En un cazo, caliente el agua a fuego medio con el azúcar, la rama de canela y el anís. Remueva sin cesar hasta que el azúcar se haya disuelto. Incorpore las pasas y déjelo a fuego suave 5 minutos, esta vez sin remover.

3 Unte con mantequilla las rebanadas de pan por un lado y dispóngalas, con el lado untado hacia arriba, sobre una bandeja de hornear. Déjelas en el horno precalentado unos 5 minutos o hasta que estén doradas. Deles la vuelta y hornéelas 5 minutos por el otro lado.

4 Forre la fuente de hornear con la mitad de las tostadas y reparta por encima la mitad de los frutos secos y del queso rallado. Retire y descarte la rama de canela y extienda la mitad de la mezcla de pasas sobre las tostadas. Remate con el resto de las tostadas, de frutos secos, de queso rallado y de mezcla de pasas.

5 Hornee la capirotada en el horno precalentado de 20 a 25 minutos, hasta que haya cuajado y esté dorada.

Torta de cielo

Esta torta plana con sabor a almendra tiene una textura densa y jugosa que se deshace en la boca. Es el acompañamiento perfecto para una taza de café a media mañana o el té de la tarde.

 Preparación: 15 minutos, más 30 de enfriamiento
Cocción: 40-50 minutos
Para: 4-6 personas

1 Precaliente el horno a 180 °C. Engrase un poco un molde redondo de 20 cm de diámetro, o de 17,5 cm si es cuadrado. Fórrelo con papel parafinado.

2 Pique las almendras en una picadora hasta que tengan consistencia de pan rallado grueso. Resérvelas.

3 En un cuenco bata la mantequilla con el azúcar a punto de crema. Añada los huevos, la almendra picada, el extracto de vainilla y el de almendra y bátalo todo bien.

4 Añada la harina y la sal y remueva un poco, hasta que la harina se haya incorporado a la mezcla.

5 Pase la pasta al molde preparado y alise la superficie. Hornee la torta de 40 a 50 minutos, hasta que la note esponjosa al presionarla.

6 Retírela del fuego y déjela enfriar sobre una rejilla metálica. Para servirla, espolvoréela con azúcar glas y decórela con almendras tostadas.

240 g de mantequilla sin sal, a temperatura ambiente, y un poco más para engrasar
200 g de almendras enteras y con piel
250 g de azúcar
3 huevos ligeramente batidos
1 cucharadita de extracto de almendras
1 cucharadita de extracto de vainilla
9 cucharadas de harina
1 pizca de sal

PARA DECORAR
azúcar glas para espolvorear
almendras tostadas fileteadas

Empanadas de melocotón y pacanas

Preparación: 20 minutos
Cocción: 20 minutos
Para: 8 personas

350 g de masa de hojaldre ya
   preparada. Si la utiliza
   congelada, descongélela.
harina para espolvorear
3 melocotones frescos
135 ml de crema agria
4 cucharadas de azúcar moreno
4 cucharadas de mitades de
   pacanas tostadas y picadas
huevo batido para glasear
azúcar extrafino para
   espolvorear

Ésta es una alternativa a las empanadas saladas, esta vez con un relleno cremoso y afrutado y un toque crujiente de frutos secos. Puede sustituir el melocotón por albaricoque o mango, si lo prefiere.

1 Precaliente el horno a 200 °C. Extienda la masa sobre una superficie un poco enharinada. Con un plato de 15 cm de diámetro como guía, recorte 8 círculos.

2 Ponga los melocotones en un cuenco refractario y cúbralos con agua hirviendo. Déjelos unos segundos, escúrralos y pélelos. Córtelos por la mitad, retire los huesos y corte la carne en lonchitas.

3 Ponga una cucharada de crema agria sobre una mitad de cada uno de los círculos de masa y coloque unas lonchitas de melocotón encima. Espolvoree con un poco de azúcar moreno y pacana picada. Unte los bordes de la empanada con huevo batido, doble la otra mitad sobre el relleno y selle los bordes. Presiónelos con un tenedor y pinche la parte superior.

4 Coloque las empanadillas sobre una bandeja para el horno, úntelas con el huevo batido y espolvoréelas con azúcar. Hornéelas 20 minutos o hasta que estén doradas.

Churros

Preparación: 25 minutos,
más 3 de enfriamiento

Cocción: 20 minutos

Para: 4 personas

250 ml de agua
6 cucharadas de mantequilla
  o manteca, cortada en dados
2 cucharadas de azúcar moreno
la ralladura fina de 1 naranja
  pequeña (opcional)
1 pizca de sal
175 g de harina bien tamizada
1 cucharadita de canela molida
  y un poco más para
  espolvorear
1 cucharadita de extracto
  de vainilla
2 huevos
aceite vegetal para freír
azúcar extrafino para
  espolvorear

Este dulce mexicano es muy atractivo porque la masa se pasa por una manga pastelera y se le pueden dar varias formas al freírlo.

1 Caliente a fuego medio en un cazo de base gruesa el agua, la mantequilla, el azúcar moreno, la ralladura de naranja, si la utiliza, y la sal, hasta que la mantequilla se haya fundido.

2 Incorpore la harina de una sola vez, la canela y el extracto de vainilla, retire el cazo del fuego y bata la mezcla con rapidez hasta que se desprenda de los costados del cazo.

3 Déjela enfriar un poco y añada los huevos uno a uno. Bata bien tras cada adición, hasta que la masa esté espesa y suave. Pásela a una manga pastelera equipada con una boquilla ancha en forma de estrella.

4 Caliente el aceite para freír en una freidora o sartén honda, a 190 °C o hasta que un dado de pan se dore en 30 segundos. Presione la manga pastelera y deposite trozos de masa de unos 7,5 cm de diámetro en el aceite. Fría los churros 2 minutos por cada lado o hasta que estén dorados. Retírelos con una espumadera y escúrralos sobre papel absorbente.

5 Espolvoréelos con azúcar y canela y sírvalos.

Empanadas de plátano y chocolate

La pasta filo hace que estas empanadas queden ligeras y crujientes por fuera, mientras que el relleno de plátano y chocolate se deshace y forma una pasta deliciosa.

 Preparación: 5 minutos
Cocción: 15 minutos
Para: 4-6 personas

1 Precaliente el horno a 190 °C. Disponga una lámina rectangular de pasta filo frente a usted y úntela con mantequilla. Haga lo mismo con el resto de las láminas.

2 Pele los plátanos, córtelos en dados y póngalos en un bol. Añada el azúcar y el zumo de limón y remueva para mezclarlos. Incorpore el chocolate.

3 Ponga un par de cucharadas de mezcla de plátano y chocolate en una esquina de la pasta y dóblela de forma triangular para que el relleno quede dentro. Siga doblándola hasta que la lámina envuelva del todo el relleno.

4 Espolvoree la empanada con azúcar glas y canela, póngala en una bandeja de hornear y repita la operación con el resto de pasta filo y el relleno.

5 Hornee las empanadas 15 minutos o hasta que estén doradas. Sáquelas del horno y sírvalas calientes. Avise a los comensales de que el relleno estará muy caliente.

unas 8 láminas de pasta filo,
  cortadas por la mitad,
  a lo largo
mantequilla derretida o aceite
  vegetal para untar
2 plátanos dulces maduros
1-2 cucharaditas de azúcar
  extrafino
el zumo de ¼ de limón
175-200 g de chocolate negro
  troceado
azúcar glas para espolvorear
canela molida para espolvorear

Buñuelos con almíbar de naranja y canela

🌿 **Preparación:** 20 minutos,
más 30 minutos de reposo

Cocción: 45 minutos

Para: 4 personas

200 g de harina y un poco más
  para espolvorear
1 cucharadita de levadura
  en polvo
¼ de cucharadita de sal
1 cucharada de azúcar moreno
1 huevo batido
2 cucharadas de mantequilla
  derretida
unos 125 ml de leche evaporada
aceite vegetal para freír

ALMÍBAR DE NARANJA Y CANELA
375 ml de agua
la ralladura de 1 naranja
  pequeña
4 cucharadas de zumo de
  naranja recién exprimido
110 g de azúcar moreno
1 cucharada de miel
2 cucharaditas de canela molida

Estos sencillos buñuelos tradicionales se sirven con su propio almíbar: puede recubrirlos o mojarlos en él. Una buena alternativa es el sirope de arce o de maíz o la miel.

1 Tamice la harina, la levadura en polvo y la sal sobre un cuenco. Añada el azúcar. Bata el huevo y la mantequilla con la suficiente leche evaporada como para obtener una masa suave.

2 Forme 8 bolitas con la masa. Cúbralas y déjelas reposar unos 30 minutos.

3 Entre tanto, prepare el almíbar. Para ello, ponga en un cazo de base gruesa a fuego medio el agua, la ralladura de naranja y el zumo, el azúcar, la miel y la canela. Llévelo a ebullición mientras remueve sin cesar, reduzca la temperatura y déjelo a fuego suave 20 minutos o hasta que se haya espesado.

4 Aplane las bolitas de masa. Caliente el aceite en una freidora o sartén honda a 180 o 190 °C, o hasta que un dado de pan se dore en 30 segundos. Fría los buñuelos en tandas de 4 a 5 minutos hasta que estén dorados e hinchados. Deles una sola vuelta. Retírelos con una espumadera y escúrralos sobre papel absorbente. Sírvalos con cucharadas de almíbar por encima.

Pastelitos de boda mexicanos

Preparación: 25 minutos, más 1½ horas de enfriamiento

Cocción: 10 minutos

Para: unas 36 unidades

240 g de mantequilla ablandada

220 g de azúcar glas

1 cucharadita de extracto de vainilla

230 g de harina y un poco más para espolvorear

½ cucharadita de sal

75 g de mitades de pacanas o de nueces tostadas y picadas muy finas

El nombre de estas pastas tradicionales mexicanas proviene de que parecen campanas de boda, con su gruesa cobertura blanca de azúcar glas. Puede picar los frutos secos en la picadora.

1 En un cuenco bata la mantequilla con la mitad del azúcar a punto de crema. Tamice la harina y la sal sobre el cuenco e incorpórelas a la mezcla. Añada los frutos secos. Cubra el cuenco y déjelo en el frigorífico 1 hora, hasta que la masa esté firme.

2 Precaliente el horno a 190 °C. Con las manos enharinadas, forme bolitas de masa de 2,5 cm de diámetro y colóquelas sobre dos bandejas de hornear, a una distancia de 4 cm unas de otras.

3 Hornee los pastelitos 10 minutos o hasta que hayan cuajado, pero sin que lleguen a dorarse. Cambie las bandejas de lugar para que se cuezan con uniformidad. Déjelos enfriar en las propias bandejas 2 o 3 minutos.

4 Ponga el resto del azúcar en un plato llano, reboce las pastas con el azúcar y déjelas enfriar sobre una rejilla metálica durante 30 minutos. Una vez frías, rebócelas de nuevo con el azúcar. Guárdelas en un recipiente hermético.

Naranjas aztecas

Más simple imposible: este refrescante postre de naranja, difícil de superar, es el broche perfecto para una comida abundante y de sabores intensos.

 Preparación: 15 minutos
Cocción: no requiere
Para: 4-6 personas

1 Con un cuchillo afilado, rebane la parte superior e inferior de las naranjas. Para retirar la piel y la parte blanca, corte hacia abajo. Procure que la naranja no pierda su forma.

2 Sostenga las naranjas de lado y córtelas en rodajas horizontalmente.

3 Coloque las rodajas de naranja en un cuenco no metálico. Corte la lima por la mitad y exprima el zumo sobre las naranjas. Rocíelas con el tequila y el licor y después espolvoréelas con azúcar al gusto.

4 Cúbralas y déjelas en el frigorífico hasta el momento de servirlas. Páselas a una fuente de servir y decórelas con ralladura de lima.

6 naranjas
1 lima
2 cucharadas de tequila
2 cucharadas de licor
  de naranja
azúcar moreno al gusto
ralladura de lima para decorar